LE LIVRE

DU

PÈLERIN D'ARS.

JEAN-MARIE VIANNEY,

Curé d'Ars,

Né à Dardilly, près Lyon, le 8 mai 1786.

LE LIVRE

DU

PÈLERIN D'ARS

NOUVELLE ÉDITION

Augmentée des Oraisons de sainte Brigitte, de
l'ordinaire de la Messe, des Vêpres du
Dimanche, etc., etc.

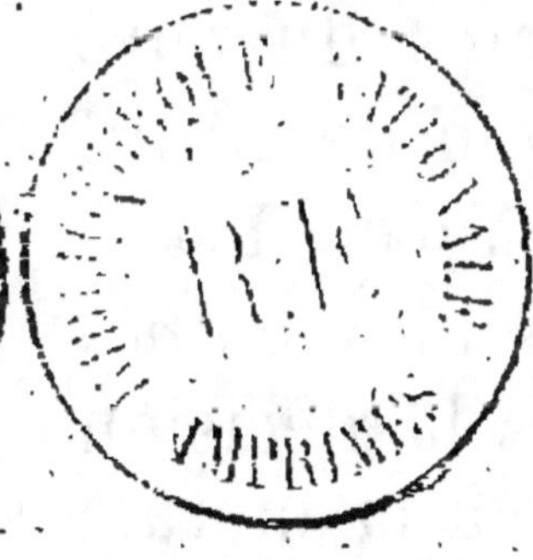

LIMOGES,

Eugène ARDANT et C. THIBAUT,

ÉDITEURS,

—

1870

OBSERVATION DES ÉDITEURS.

Pour nous conformer aux prescriptions de l'Eglise sur *le culte des saints*, nous déclarons, avec le digne prêtre auteur de ce volume, qu'en appelant *miracles, prophéties*, etc., les actes du curé d'Ars, en lui donnant le nom de *saint*, nous ne prétendons pas devancer la sentence de Rome, autorité seule compétente, seule infaillible dans la décision de ces choses qui touchent à la morale et à la foi.

NOTE DES ÉDITEURS.

Quelques mots sur la composition de ce livre.

On a eu le bonheur de conserver textuellement plusieurs paroles du curé d'Ars sur les principales vérités de la foi ou de la morale catholique.

Or, comme *le guide d'un pèlerinage* quelconque doit être, avant tout, un ouvrage de piété pure, c'est-à-dire de prière et de méditation, n'était-il pas pour ainsi dire naturel d'offrir au pèlerin agenouillé réellement ou par la pensée sur le tombeau de J.-B. Vianney, quelques-unes des réflexions par lesquelles le saint prêtre s'excitait lui-même ou excitait les autres à demander à Dieu des bienfaits et des miséricordes? En intercalant de la sorte dans le récit de la vie du curé d'Ars, les considérations qu'il formulait lui-même pour l'amélioration de son âme ou l'obtention d'une grâce, ne concentrons-nous pas plus intimement les pensées du pèlerin sur le but essentiel de son pieux voyage ? Entendre parler une personne, n'est-ce pas encore être avec elle ?

Cet encadrement des *méditations* dans la partie historique présente aux lecteurs deux avantages réels : 1° celui de les omettre s'ils tiennent à ne pas interrompre le récit, puisqu'elles en sont détachées ; 2° celui, au contraire, de les lire et relire séparément dans leurs stations, par le même motif.

Nous avons inséré dans nos pages une courte *neuvaine* à sainte Philomène : on en verra en son lieu la raison. Enfin, l'addition de prières diverses et des offices de *la Journée du Chrétien* forme un ensemble qui nous semble lui mériter le nom de *Livre du pèlerin d'Ars*.

LIVRE

DU

PÈLERIN D'ARS.

I

ENFANCE DE JEAN-MARIE VIANNEY.

Qui n'a pas entendu parler du *Curé d'Ars?* Aucune renommée de ce siècle n'est plus populaire, plus agréée des hautes classes de la société, et surtout plus sympathique aux pauvres habitants des campagnes que celle d'un humble prêtre, dont la vie s'écoula dans un coin de la Bresse. Lui qui n'aspirait qu'à vivre ignoré du monde, qu'à convertir sa paroisse, il se vit entouré, de 1826 à 1858, de plus de deux millions de pèlerins, accourus de toutes les parties de l'Europe. Cette foule venait lui demander des conseils, le secours de ses prières, et même des *miracles*, à une époque où les savants des Académies proclamaient la ruine prochaine de la religion catholique, et par conséquent l'impossibilité du *miracle*. L'incrédulité ne s'expliquait point cette puissance merveilleuse qui attirait les pécheurs à Ars, comme autrefois Jean-Baptiste attirait les gentils sur les bords du Jourdain ; elle fut obligée, plus d'une fois, de s'incliner devant la vertu de l'homme de Dieu, dont l'unique science consistait à guérir les âmes malades, à consoler les grandes afflictions et à ramener au bercail du bon Pasteur une multitude de brebis égarées !

Un témoin oculaire, un compagnon dévoué et pieux du curé d'Ars, l'abbé Mounin, missionnaire du diocèse de Belley, a raconté, dans tous ses détails, cette vie sacerdotale, si extraordinaire et si féconde en fruits de salut. Le témoignage de M. Mounin mérite une en-

tière croyance, quand il s'agit de faits qu'il
a contrôlés et fait connaître au public ; aussi
nous attacherons-nous à glaner dans ses deux
excellents volumes et à le citer en toute rencontre, profitant, dans l'intérêt de la jeunesse,
à qui cette notice est destinée, de la gracieuse
autorisation qu'il a bien voulu nous accorder (1).

De modestes cultivateurs, Mathieu Vianney
et Marie Beluze, estimés dans la paroisse de
Dardilly, près de la grande cité de Lyon, pour
leur droiture et leur probité, firent baptiser
leur second fils, le jour même de sa naissance,
le 8 mai 1786. Cette famille patriarcale éleva
Jean-Marie-Baptiste avec cette simplicité et en
même temps avec cette tendresse dont les
mères chrétiennes ont seules le secret. Elle
lui apprit de bonne heure à supporter en patience les maux inséparables d'une condition

(1) Le digne prêtre qui, par modestie, a
voulu taire ici son nom, mérite, aussi lui, la
confiance par son savoir et sa piété.
(Note des Éditeurs.)

précaire, à mettre en Dieu toute sa confiance et à lui offrir les prémices de son cœur. Les exemples venaient à l'appui des leçons ; aussi l'enfant n'avait pas de peine à imiter ce qui se passait sous ses yeux. « Ma mère était si sage !... racontait-il plus tard. Vois-tu, me disait-elle souvent, mon petit Jean-Marie, si je te voyais offenser le bon Dieu, cela me ferait plus de peine que si c'était un autre de mes enfants. La vertu passe du cœur des mères dans le cœur des enfants, qui font volontiers ce qu'ils voient faire. »

Jean-Marie, à l'âge de trois ans, savait prier avec une ferveur angélique, et interrompait souvent les jeux de ses camarades pour se recueillir dans un coin de la maison. Il aima la sainte Vierge avant de la connaître, et son jouet favori fut une statue de la madone. « Oh ! que j'aimais cette statue. Je ne pouvais m'en séparer ni le jour ni la nuit, et je n'aurais pas dormi tranquille, si je ne l'avais pas eue à côté de moi, dans mon petit lit. Étant tout petit, j'étais possesseur d'un joli chapelet ; il fit envie à ma sœur, elle voulut l'avoir. Ce fut là un de mes premiers chagrins. J'allai consulter ma mère ; elle me conseilla d'en faire l'abandon, pour l'amour du bon Dieu. J'obéis, mais il m'en coûta bien des larmes. » Cette dévotion précoce à Marie, et cette disposition à l'esprit de sacrifice étaient de sûrs présages de l'avenir.

On ne s'étonnera pas de l'entendre, pendant toute sa vie, prêcher les grandeurs et les bontés de la Mère de Dieu.

Détachons ces lignes :

« Le Père se plaît à regarder le cœur de la très sainte Vierge Marie comme le chef-d'œuvre de ses mains ; on aime toujours son ouvrage, surtout lorsqu'il est bien fait ; le Fils, comme le cœur de sa Mère, la source dans laquelle il a puisé le sang qui nous a rachetés ; le Saint-Esprit, comme son temple. Les prophètes ont publié la gloire de Marie avant sa naissance : ils l'ont comparée au soleil. En effet, l'apparition de la sainte Vierge peut bien se comparer à un beau soleil, dans un jour de brouillards. Avant sa venue, la colère de Dieu était suspendue sur nos têtes comme un sabre prêt à nous frapper. Aussitôt que la sainte Vierge parut sur la terre, sa colère fut apaisée... Elle ne savait pas qu'elle devait être la Mère de Dieu, et, lorsqu'elle était petite, elle disait : « Quand verrai-je donc cette belle créature qui doit être la mère de Dieu ? » La sainte Vierge nous a engendrés deux fois, dans l'incarnation et au pied de la croix : elle est donc deux fois notre mère.

» On compare souvent la sainte Vierge à une mère, mais elle est encore bien meilleure que la meilleure des mères ; car la meilleure des mères punit quelquefois son enfant qui lui fait du chagrin, même elle le bat ; elle croit bien faire. Mais la sainte Vierge ne fait pas comme ça : elle est si bonne qu'elle nous traite toujours avec amour et ne nous punit jamais. Le cœur de cette bonne Mère n'est qu'amour et miséricorde, elle ne désire que nous voir heureux. Il suffit seulement de se tourner vers elle pour être exaucé.

» Le Fils a sa justice, la Mère n'a que son amour. Dieu nous a aimés jusqu'à mourir pour nous ; mais dans le cœur de Notre-Seigneur, il y a la justice, qui est un attribut de Dieu ; dans celui de la très sainte Vierge, il n'y a que la miséricorde. Son Fils étant prêt à punir un pécheur, Marie s'élance, arrête le glaive, demande grâce pour le pauvre coupable...

» La très sainte Vierge se tient entre son Fils et nous. Plus nous sommes pécheurs, et plus elle a de tendresse et de compassion pour nous.. L'enfant qui a coûté le plus de larmes à sa mère est le plus cher à son cœur. Une mère ne court-elle pas toujours au plus faible et au plus exposé ? Le cœur de Marie est si tendre pour nous, que ceux de toutes les mères réunies ne sont qu'un morceau de glace auprès du sien.

» Quand on parle des objets de la terre, du commerce, de la politique, on se lasse : mais quand on parle de la sainte Vierge, c'est toujours nouveau.

» La dévotion à la sainte Vierge est moelleuse, douce, nourrissante. Tous les saints ont une grande dévotion à la sainte Vierge ; aucune grâce ne vient du ciel sans passer par ses mains. On n'entre pas dans une maison sans parler au portier : eh bien ! la sainte Vierge est la portière du ciel... Lorsque nos mains ont touché des aromates, elles embaument tout ce qu'elles touchent ; faisons passer nos prières par les mains de la sainte Vierge, elle les embaumera. » Nous aimerons à transcrire les paroles du curé d'Ars, en racontant ses actions ; le lecteur ne se plaindra point d'entendre souvent celui que la cour romaine placera bientôt, on l'espère, sur nos autels, et assurément c'est une des meilleures manières de le connaître.

La vie des champs, qui a été celle d'une multitude de saints, augmenta les vertueuses dispositions de Jean-Marie. Quand il conduisait son bétail au pâturage, il n'oubliait jamais d'emporter avec lui la précieuse statue de Marie ; tous les pâtres du voisinage se réunissaient autour de lui pour l'entendre parler de Dieu et de la piété. L'orateur enfantin dressait sa petite taille, gravissait un monticule, et, du haut de cette chaire improvisée, il imitait de son mieux les discours et les gestes des prédicateurs. L'auditoire, parfois un peu distrait, montrait néanmoins par son attitude un grand respect pour Jean-Marie et récitait de bon cœur avec lui les prières du matin et du soir ; il voyait déjà en lui un futur prêtre et lui reconnaissait les qualités requises pour le sacerdoce.

Peu de temps avant sa mort, le curé d'Ars se rappelait avec attendrissement ce souvenir d'enfance : « Que j'étais heureux lorsque je n'avais à conduire que mes trois brebis et mon âne! Pauvre petit âne gris! il avait bien trente ans quand nous l'avons perdu. Dans ce temps-là, je pouvais prier Dieu tout à mon aise; je n'avais pas la tête cassée, comme à présent : c'était l'eau du ruisseau qui n'a qu'à suivre sa pente!... Quand j'étais seul aux champs, avec ma pelle ou ma pioche à la

main, je priais tout haut, mais quand j'étais
en compagnie, je priais à voix basse!

» Si, maintenant que je cultive les âmes,
j'avais le temps de penser à la mienne, de
prier et de méditer, comme quand je culti-
vais les terres de mon père, que je serais content! Il y avait au moins quelque relâche
dans ce temps-là; on se reposait après dîner,
avant de se remettre à l'ouvrage. Je m'éten-
dais par terre comme les autres, je faisais
semblant de dormir, et je priais Dieu de tout
mon cœur. Ah! c'était le beau temps! » Cette
union continuelle avec le ciel conserva intacte,
dans l'âme de Jean-Marie, la sublime vertu de
pureté; il ne connut jamais le mal; et lorsqu'il fut prêtre ce ne fut que par la vue et
les aveux des pécheurs qu'il apprit le nombre
et l'horrible perversité des vices qui souillent
le genre humain.

Une de ses sœurs le dépeint en ces termes :
« Notre mère était si sûre de l'obéissance de
Jean-Marie que, lorsqu'elle éprouvait de la
part de l'un de nous de la résistance et de la

lenteur à exécuter ses ordres, elle ne trouvait
rien de mieux que de les intimer à mon frère,
qui obéissait sur-le-champ, et puis, de nous
le proposer pour modèle, en disant : « Voyez,
lui, s'il se plaint, s'il hésite ou s'il murmure !
Voyez s'il n'est pas déjà loin. » Il était rare
que son exemple ne nous entraînât pas. Il allait ordinairement travailler aux champs
avec les gens de la maison. Tant que la tâche
était commune, il fournissait consciencieuse-
ment, selon ses forces, son contingent de travail, et tout se passait amiablement ; mais un
jour qu'il avait été envoyé à la vigne, seul
avec François, il avait dû s'excéder de fatigue pour attendre son frère, qui, en sa qualité d'aîné, se croyait obligé d'en faire plus
que lui. Le soir venu, le pauvre Jean-Marie se
plaint à sa mère que François va trop vite et
qu'il ne peut pas le suivre. « François, dit-
elle, va donc plus lentement, ou bien, de
temps en temps, donne un coup de pioche à
la passée de ton frère. Tu vois bien qu'il est
plus jeune et moins fort que toi ; il faut avoir

2

un peu pitié de lui. Mais, répond François, Jean-Marie n'est pas obligé d'en faire autant que moi ; que dirait-on, si l'aîné n'avançait pas plus que le cadet ? »

» Le lendemain, une religieuse, chassée de son couvent par l'orage révolutionnaire et retirée dans sa famille, à Dardilly, fit cadeau à mon frère Jean-Marie, qu'elle avait pris en affection à cause de sa piété, d'une de ces statuettes de la sainte Vierge, renfermées dans un etui cylindrique qu'on ouvre et ferme à volonté. Ce présent, dont nous avons montré l'usage plus haut, vint à propos, et mon frère crut avoir trouvé, dans la sainte image, un renfort et un secours contre l'activité de François. La première fois donc qu'on les envoya ensemble à la vigne, il eut soin, avant de commencer son ouvrée, de déposer à quelques pas de lui sa petite statue, et, en avançant vers elle, de prier la sainte Vierge de l'aider à atteindre son frère aîné. Arrivé à l'image, il la ramassait lestement, la plaçait de nouveau devant lui, reprenait sa pioche, priait, avançait, tenait tête à François, qui se morfondait sans pouvoir le dépasser, et qui avoua le soir, en rentrant, non sans quelque dépit, que la sainte Vierge avait bien aidé son petit frère, et qu'il avait fait autant de besogne que lui. Notre mère, en femme sage et prudente, se contenta de sourire et ne dit pas un mot, de peur de donner prise à l'amour-propre. »

Les amusements frivoles n'eurent point d'attrait pour Jean-Marie ; après une journée de pénible labeur, il passait la veillée à lire le catéchisme, l'évangile et autres bons livres, apprenant de mémoire les passages qui l'avaient frappé. D'après le témoignage de sa sœur (1), on ne le vit jamais jouer, mais au contraire constamment plongé dans de sérieuses réflexions. Il aimait à pétrir la terre grasse

______

(1) Cette sœur, très âgée, et qui a survécu au bon curé, a déposé juridiquement devant la commission du procès de béatification : c'est dire que son témoignage a une très grande valeur. *(Note des Éditeurs.)*

pour en former des autels, des chandeliers, des figures de prêtres et de religieuses ; il donnait à ses compagnons tout ce qui lui appartenait pour leur faire plaisir. « Pendant ma jeunesse, j'ai travaillé la terre, je n'en rougis pas, je ne suis qu'un cultivateur ignorant. En donnant mon coup de pioche, je me disais souvent : Il faut aussi cultiver ton âme ; il faut en arracher la mauvaise herbe, afin de la préparer à recevoir la bonne semence. »

Jean-Marie aima les pauvres dès qu'il sut comprendre les souffrances des nombreux mendiants qui, chaque jour, trouvaient du pain et un abri sous le toit de la famille Vianney. Il conduisait lui-même à la maison paternelle tous ceux qu'il rencontrait dans les chemins ; il leur parlait du ciel, leur faisait réciter leurs prières et les servait à table avec une gaieté charmante. Le bienheureux Benoît Labre passa une nuit dans la maison de Jean-Marie, et lui laissa sa bénédiction en récompense de la cordiale hospitalité qu'il y reçut.

Toutes ces saintes pratiques formaient à la vertu le cœur de cet enfant, et le disposaient à la première communion.

Les révolutionnaires venaient de chasser Dieu de ses temples, de proscrire son culte et ses ministres, pour adorer la Raison sous la forme d'une honteuse idole. Dans les paroisses pieuses, comme celle de Dardilly, on tenait cachés un certain nombre de prêtres, et à la faveur de la nuit, on se réunissait dans quelque ferme isolée, pour entendre la messe. Comme au temps des catacombes, les rares fidèles bravaient la mort dans l'espoir de sauver un prêtre ou de recevoir eux-mêmes les consolations de la religion. De pieux laïques, des religieuses allaient de maison en maison instruire les enfants, enseigner le catéchisme et présider les réunions du dimanche; c'est ainsi que Jean-Marie eut le bonheur d'apprendre la première des sciences, la seule nécessaire : celle du salut.

C'est dans une grange, dont l'extérieur était encombré de chars de foin, qu'il reçut pour

la première fois, de la main d'un missionnaire, le Pain de Vie. Son humilité ne lui permit pas, dans la suite, de raconter les sentiments de ferveur qu'il éprouva en cette cir-
constance solennelle. Nous savons toutefois
qu'une voix mystérieuse parla au fond de son
cœur et lui dit qu'il serait un jour le succes-
seur des prêtres que l'exil ou l'échafaud
avaient ravis à la France !

Quelques années s'écoulèrent, et la paix ra-
mena l'ordre et le rétablissement de la religion catholique. Un confesseur de la foi,
M. Balley, fut nommé à la cure d'Ecully et
chargé de desservir les paroisses voisines, veu-
ves de leurs pasteurs ; il se vit bientôt entouré
de la vénération publique, mais il lui fallait
des aides. La moisson était abondante dans le
champ du Seigneur, mais les ouvriers faisaient défaut. Parmi les jeunes gens les plus
assidus à l'église, il remarqua bientôt Jean-
Marie Vianney et lui proposa de commencer
ses études ecclésiastiques. « Si j'étais prêtre
un jour, répondit le pieux Vianney, je vou-

drais gagner bien des âmes au bon Dieu. » Et, sans s'inquiéter de l'avenir et des modiques ressources dont il pouvait disposer, il s'abandonna à la conduite de son excellent mentor.

Pendant deux années, il se fixa à Ecully et y travailla avec plus d'ardeur que de succès; la mémoire et la vivacité d'intelligence, nécessaires à quiconque doit briller dans la carrière de l'étude, lui manquaient complètement. Parfois, effrayé de sa lenteur, il songeait à retourner au travail manuel; dans un accès de découragement, il prit la résolution d'aller à pied au sanctuaire de La Louvesc, prier saint François Régis de venir à son secours (1). Ce pèlerinage lui coûta bien des humiliations et des déboires : « Je n'ai mendié qu'une fois dans ma vie, je m'en suis mal trouvé; on me prenait pour un voleur, et on

_____

(1) Un de nos volumes, *Vie et miracles de S. J.-F. Régis*, est consacré tout entier à cet illustre apôtre si honoré à La Louvesc.
(Note des Editeurs.)

ne voulait me donner ni pain ni abri. J'ai fait changer mon vœu par un des Pères de La Louvesc, pour n'être pas obligé de tendre la main en revenant. » Des lumières surnaturelles récompensèrent sa confiance et lui permirent de continuer ses études latines.

La mortification lui dicta un règlement de conduite dont il ne voulait plus se départir, sous aucun prétexte. Il mangeait une soupe sans beurre ni lait, ne prenait que la quantité de nourriture nécessaire à sa subsistance et savait, en tous cas, choisir les mets les moins agréables au goût. Déjà sa mortification était extrême. On le vit, un jour, quitter ses souliers neufs, pour les donner à un pauvre, et s'en aller pieds nus jusque chez lui. La Providence lui réservait une longue suite d'épreuves; elle purifie toujours ses élus en les faisant passer par le creuset des tribulations.

Jean-Marie se soumit, sans se plaindre, aux événements qui menaçaient de rendre impossible la réalisation de ses vœux et de lui fermer la porte du sanctuaire. Il apprit à souffrir, afin de pouvoir, dans la suite, prêcher aux autres l'amour des croix et des souffrances.

LA CROIX.

« Qu'on le veuille ou non, il faut souffrir ! Il y en a qui souffrent comme le bon larron, et d'autres comme le mauvais... Il y a deux manières de souffrir : souffrir en aimant et souffrir sans aimer. Les saints souffraient tout avec patience, joie et persévérance, parce qu'ils aimaient. Nous souffrons, nous, avec colère, dépit et lassitude, parce que nous n'aimons pas. Si nous aimions Dieu, nous aimerions les croix, nous les désirerions, nous nous plairions en elles. Nous serions heureux de pouvoir souffrir pour l'amour de Celui qui a bien voulu souffrir pour nous. De quoi nous plaignons-nous ? Hélas ! les pauvres infidèles, qui n'ont pas le bonheur de connaître Dieu et ses amabilités infinies, ont les mêmes croix que nous ; mais ils n'ont pas les mêmes consolations.

» Dans le chemin de la croix, il n'y a que le premier pas qui coûte. C'est la crainte des croix qui est notre plus grande croix. On n'a pas le courage de porter sa croix, on a bien tort ; car, quoi que nous fassions, la croix

nous tient, nous ne pouvons lui échapper...
Les gens du monde se désolent quand ils ont
des croix, et les bons chrétiens se désolent
quand ils n'en ont pas. Le chrétien vit au
milieu des croix comme le poisson vit dans
l'eau... Oh ! que les âmes qui sont tout à Dieu
dans la souffrance éprouvent de douceur !
C'est comme une eau dans laquelle on met
beaucoup d'huile : le vinaigre est bien toujours vinaigre ; mais l'huile en corrige l'amertume, et on ne le sent presque plus...

» C'est par la croix que l'on va au ciel. Les
maladies, les tentations, les peines, sont autant de croix qui nous conduisent au ciel.
Tout cela sera bientôt passé... Voyez les
saints qui sont arrivés avant nous ! Le bon
Dieu ne demande pas de nous le martyre du
corps, il nous demande seulement le martyre
du cœur et de la volonté... Notre-Seigneur
est notre modèle ; prenons notre croix et sui-
vons-le. Faisons comme les soldats de Napoléon : il fallait traverser un pont sur lequel
on tirait à mitraille ; personne n'osait passer. Napoléon prit le drapeau, marcha le premier, et tous suivirent. Faisons de même ;
suivons Notre-Seigneur, qui a marché le premier.

» Le bon Dieu veut que nous ne perdions
jamais de vue la croix, aussi la place-t-on
partout, le long des chemins, sur les hauteurs, dans les places publiques, afin qu'à
cette vue nous puissions dire : « Voilà comment Dieu nous a aimés ! »

» La croix embrasse le monde : elle est plantée aux quatre coins de l'univers ; il y en a un morceau pour tous. Les croix sont sur la route du ciel comme un beau pont de pierre sur une rivière pour la traverser. Les chrétiens qui ne souffrent pas passent cette rivière sur un pont fragile, un pont de fil de fer, toujours prêt à se rompre sous leurs pieds.

» Celui qui n'aime pas la croix pourra peut-être bien se sauver, mais à grand'peine. Ce sera une petite étoile dans le firmament. Celui qui aura souffert et combattu pour son Dieu, luira comme un beau soleil. Les croix, transformées dans les flammes de l'amour, sont comme un fagot d'épines que l'on jette au feu et que le feu réduit en cendres. Les épines sont dures, mais les cendres sont douces. Mettez un beau raisin sous le pressoir, il en sortira un jus délicieux. Notre âme, sous le pressoir de la croix, produit un jus qui la nourrit et la fortifie. Lorsque nous n'avons pas de croix, nous sommes arides : si nous les portons avec résignation, nous sentons une douceur, un bonheur, une suavité !... c'est le commencement du ciel. Le bon Dieu, la sainte Vierge, les anges et les saints nous environnent ; ils sont à nos côtés et nous voient.

» Le passage du bon chrétien éprouvé par l'affliction à l'autre vie est comme celui d'une personne que l'on transporte sur un lit de ro-

ses. Les épines suent le baume et la croix
transpire la douceur. Mais il faut presser les
épines dans ses mains, et serrer la croix sur
son cœur pour qu'elles distillent le suc qu'elles contiennent. »

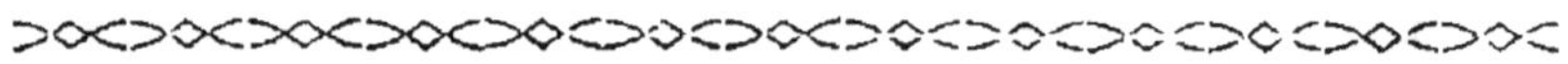

II

M. VIANNEY REÇOIT LA PRÊTRISE.

Comme étudiant ecclésiastique, Jean-Marie
échappait de droit à la loi de la conscription
militaire, mais les formalités requises en ce
cas furent mal remplies. Son nom ne fut pas
compris dans les listes d'exemptions par oubli ou inadvertance; toujours est-il qu'en 1809
on lui adressa une feuille de route avec l'or-

dre de se rendre à Bayonne, d'où son régiment allait passer en Espagne. On se figure difficilement le chagrin qui s'empara de lui et de toute sa famille, à l'annonce de ce malheur. Tous ses parents consentirent à faire un grand sacrifice pécuniaire pour le garder près d'eux, mais il leur fut impossible de trouver un remplaçant.

A peine eut-il quitté Dardilly qu'il tomba malade à plusieurs reprises, et dut passer plusieurs semaines dans les hôpitaux de Lyon et de Roanne. De cette dernière ville, il lui fut enfin possible de se diriger vers Bayonne; il avait à peine fait quelques kilomètres, tout triste, et son chapelet à la main, qu'il fut abordé par un inconnu qui le pria de le suivre sans crainte. Jean-Marie, ne pouvant se décider à revêtir l'habit militaire et craignant de passer pour déserteur et de tomber entre les mains des gendarmes, crut voir en lui un sauveur. Ils arrivèrent, après bien des détours, au village des Noës, perdu dans les bois; et après l'avoir confié à d'honnêtes gens, le guide disparut sans qu'on ait jamais connu son nom. Le maire du hameau, touché du sort de Jean-Marie, promit de le cacher chez lui et lui confia les fonctions d'instituteur communal, sous le nom de Jérôme. Une vertueuse mère de famille lui donna un asile dans sa maison et le traita comme un de ses enfants. Pour la dédommager des soins qu'elle lui prodiguait, il se mit à cultiver son petit domaine, pendant ses heures de récréation ; tous les habitants des Noës le prirent en singulière affection et le dérobèrent, avec une activité sans pareille, aux recherches de la gendarmerie.

Faut-il appeler Jean-Marie un déserteur, dans le sens strict du mot ? Cette question, si c'en est une, sera posée devant l'Eglise, qui la résoudra dans sa justice suprême. Nous savons seulement qu'il était de trop bonne foi, trop effrayé, trop pieux, pour avoir l'intention de commettre une faute ! Quand il reçut la croix d'honneur, il dit naïvement : « Je ne sais pas pourquoi l'Empereur me l'a donnée, à moins que ce ne soit parce que j'ai été déserteur. »

Cette simple parole montre qu'il n'avait jamais cru avoir manqué à son devoir en se cachant, dans les circonstances dont nous avons parlé.

Son frère cadet le remplaça enfin dans l'armée et trouva la mort dans la campagne du Rhin. Après quatorze mois d'exil, Jean-Marie rentra dans son pays natal et reprit ses études, sous la direction de M. Balley, qui l'attendait avec impatience. La perte de sa mère troubla la joie de son retour, mais il se consola de ce sacrifice par la pensée que cette sainte femme veillerait sur lui, du haut du ciel, et protégerait ses premiers pas dans la carrière sacerdotale.

Entré au séminaire de Verrières, dans le département de la Loire, pour y faire son cours de philosophie, il eut d'abord la douleur de se voir méconnu de ses condisciples. Son extérieur modeste, ses connaissances peu étendues excitèrent les railleries et les insultes de cette jeunesse turbulente qui taxe le mérite des sujets d'après le rang qu'ils obtiennent dans les compositions. Avec une patience angélique, il dévora en silence toutes les humiliations, et se fit remarquer bientôt par sa régularité et sa conduite en tous points irréprochable. Ses maîtres lui accordèrent toute leur confiance et se plurent à relever en lui les vertus qui valent beaucoup plus qu'un savoir superficiel; ils aimèrent d'une affection spéciale cet élève qui portait sur toute sa personne l'empreinte de la piété.

Vianney gagna bientôt les sympathies de ses camarades par son obligeance et ses bons procédés à leur égard. Un seul persista dans son antipathie, d'autant plus vive qu'elle était moins motivée; furieux de voir la conduite de Vianney comblée d'éloges, tandis que la sienne ne recevait que des reproches bien mérités, il l'accabla d'opprobres et en vint jusqu'à le frapper de la façon la plus brutale. Jean-Marie, au lieu de se plaindre, se mit à genoux devant son ennemi et lui demanda grâce pour l'amour de Dieu. Cet héroïque témoignage d'affection toucha le cœur de l'écolier

et lui inspira dès-lors un sincère attachement
pour celui qu'il avait jusque-là persécuté avec
une rage sans pareille.

En 1813, M. Balley rappela son disciple au
presbytère pour lui enseigner lui-même la
théologie, pendant deux années consécutives;
puis il le présenta aux examens canoniques
du grand séminaire de Lyon. Vianney, peu
familiarisé avec les formes scolastiques de l'é-
cole, troublé par les questions multipliées des
interrogateurs en qui il ne retrouvait pas l'indulgence du bon curé d'Ecully, n'eut pas la
science des réponses. On a dit bien à tort que
son incapacité réelle l'avait fait rejeter par
l'autorité diocésaine. La vérité est que, le lendemain de cette épreuve, un vicaire-général
l'interrogea familièrement, à Ecully, reconnut en lui la sience suffisante et lui permit de
se préparer à l'ordination : « Le jeune homme
est plein de bon sens et de piété, il aime beaucoup la sainte Vierge, il faut le recevoir. »
Quelle perte pour l'Eglise si la décision des
examinateurs eût été maintenue, et quelles

conséquences aurait entraîné cette rigueur!.

Un de ses confrères sut l'apprécier à sa juste valeur, comme le prouvent ses aveux : « Je n'ai pas de souvenir que M. Vianney ait fait impression, ni par des moyens extraordinaires, ni par son incapacité... S'il ne s'est pas distingué dans les sciences humaines, il s'est toujours fait remarquer par sa piété, ce qui vaux mieux : on peut bien dire qu'il a choisi la meilleure part, qui ne lui sera point ôtée. Prétendre que M. Vianney ne fut jamais qu'un ignorant, c'est une erreur insigne. Ma persuasion est que M. Vianney est de ces sujets qui, s'ils ne jettent point d'éclat au-dehors, ont dans le fond un jugement sain, ferme et droit, qui l'emporte de beaucoup sur les esprits superficiels, lesquels brillent par une grande facilité de parole, une grande mémoire, et n'ont rien de solide. Ceux-ci donnent beaucoup de fleurs ; les autres, sans tant de fleurs, donnent beaucoup de fruits. Il nous est d'autant plus agréable de rendre ici un hommage sincère à la vérité, qu'elle a été plus solennellement méconnue.

M. Vianney reçut la tonsure le 28 mai 1811, le sous-diaconat le 2 juillet 1814, et la prêtrise le 9 août 1815. Il n'a jamais fait connaître, même à ses amis les plus estimés, les saintes dispositions avec lesquelles il se consacra au service des autels. On peut les deviner en se rappelant en quels termes il parlait de la dignité des prêtres : « Qu'est-ce que le prêtre? Un homme qui tient la place de Dieu, un homme qui est revêtu de tous les pouvoirs de Dieu. Lorsque le prêtre remet les péchés, il ne dit pas : *Dieu vous pardonne.* Il dit : *Je vous absous.* A la consécration, il ne dit pas : *Ceci est le corps de Notre-Seigneur.* Il dit : *Ceci est mon corps.* Saint Bernard nous dit que tout nous est venu par Marie; on peut dire aussi que tout nous est venu par le prêtre : oui, tous les bonheurs, toutes les grâces, tous les dons célestes.

DIGNITÉ SURÉMINENTE DU PRÊTRE.

« Si nous n'avions pas le sacrement de l'Ordre, nous n'aurions pas Notre-Seigneur. Qui est-ce qui l'a mis là, dans ce tabernacle ? c'est le prêtre. Qui est-ce qui a reçu votre âme à son entrée dans la vie ? le prêtre. Qui la nourrit pour lui donner la force de faire son pèlerinage ? le prêtre. Qui la préparera à paraître devant Dieu, en lavant cette âme, pour la dernière fois, dans le sang de Jésus-Christ ? le prêtre, toujours le prêtre. Et si cette âme vient à mourir, qui la ressuscitera ? qui lui rendra le calme et la paix ? encore le prêtre. Vous ne pouvez pas vous rappeler un seul bienfait de Dieu, sans rencontrer, à côté de ce souvenir, l'image du prêtre. Allez vous confesser à la sainte Vierge ou à un ange : vous absoudront-ils ? Non. La sainte Vierge ne peut pas faire descendre son divin Fils dans l'hostie. Vous auriez deux cents anges là, qu'ils ne pourraient vous absoudre. Un prêtre, tant simple soit-il, le peut ; il peut vous dire : *Allez en paix, je vous pardonne.* Oh ! que le prêtre est quelque chose de grand ! Le prêtre ne se comprendra bien que dans le ciel. Si on le comprenait sur la terre, on mourrait non de frayeur, mais d'amour.

» Les autres bienfaits de Dieu ne nous serviraient de rien sans le prêtre. A quoi servirait une maison remplie d'or, si vous n'aviez personne pour vous en ouvrir la porte? Le prêtre a la clef des trésors célestes : c'est lui qui ouvre la porte : il est l'économe du bon Dieu, l'administrateur de ses biens... Après Dieu, le prêtre c'est tout ! Laissez une paroisse vingt ans sans prêtre, on y adorera les bêtes...

» Quand on veut détruire la religion, on commence par attaquer le prêtre, parce que là où il n'y a plus de prêtre, il n'y a plus de sacrifice ; et là où il n'y a plus de sacrifice, il n'y a plus de religion... Voyez la puissance du prêtre ! La langue du prêtre, d'un morceau de pain fait un Dieu ! c'est plus que de créer le monde. Si je rencontrais un prêtre et un ange, je saluerais le prêtre avant de saluer l'ange. Celui-ci est l'ami de Dieu, mais le prêtre tient sa place. Sainte Thérèse baisait l'endroit où un prêtre avait passé...

» Quelle joie avaient les apôtres, après la résurrection de Notre-Seigneur, de voir le Maître qu'ils avaient tant aimé! Le prêtre doit avoir la même joie, en voyant Notre-Seigneur qu'il tient dans ses mains... On attache un grand prix aux objets qui ont été déposés dans l'écuelle de la sainte Vierge et de l'enfant Jésus, à Lorette. Mais les doigts du prêtre, qui ont touché la chair adorable de Jésus-Christ, qui se sont plongés dans le calice où a été son sang, dans le ciboire où a été son corps, ne sont-ils pas plus précieux? »

M. Balley réclama pour coadjuteur, pour vicaire, pour soutien de sa vieillesse, M. Vianney, alors âgé de vingt-neuf ans, et se chargea de le former aux fonctions du ministère. Le maître et le disciple, confesseurs l'un de l'autre, s'exercèrent à l'envi aux pratiques de la pénitence et à une vie très austère. Les haires, les cilices, les disciplines, les jeûnes prolongés, les veilles et la prière transformaient leurs corps, tandis que leurs âmes s'unissaient dans un même amour de Dieu. « J'aurais fini par être un peu sage, racontait le curé d'Ars, si j'avais toujours eu le bonheur de vivre avec M. Balley. Pour avoir envie d'aimer le bon Dieu, il suffisait de lui entendre dire : Mon Dieu, je vous aime de tout mon cœur ! Il le répétait à chaque instant du jour, quand il était seul, et le soir, dans sa chambre, il ne cessait de le redire jusqu'à ce qu'il fût endormi... Quand on avait commencé à manger quelque chose, du bœuf, par exemple, ou des pommes de terre, il y en avait pour plusieurs semaines. Quelquefois, cette pauvre viande était noire à force de traîner sur la table. » La vie des deux prêtres était si mortifiée que les paroissiens allèrent auprès de l'archevêque requérir un ordre qui leur ordonnât de mieux se nourrir !

La carrière si bien remplie de M. Balley se termina en 1817 ; le saint prêtre fut assisté dans ses derniers moments par son vicaire, à qui il laissa en héritage ses instruments de pénitence. « Tenez, lui dit-il, mon pauvre Vianney, cachez cela ; si on le trouvait après ma mort, on croirait que j'ai fait quelque chose pour l'expiation des péchés de ma vie, et on me laisserait en purgatoire jusqu'à la fin du monde. Adieu, cher enfant, courage ! continuez à aimer et à servir le bon Maître. Souvenez-vous de moi au saint autel... Adieu ! nous nous reverrons là-haut ! » Les exemples de ce saint confesseur de la foi ne devaient pas être perdus pour celui qui en fut témoin ; Elisée devait marcher sur les traces de cet autre Elie !.......

✄✄✄✄✄✄✄✄✄✄✄✄✄✄✄✄✄✄✄✄✄✄✄✄✄✄✄✄✄

III

M. VIANNEY NOMMÉ CURÉ D'ARS.

Deux mois après la mort de M. Balley, l'abbé Vianney fut nommé à la cure d'Ars, petite paroisse des Dombes; en lui donnant sa feuille de pouvoirs, le vicaire-général lui dit avec bonté : « Allez, mon ami, il n'y a pas beaucoup d'amour de Dieu dans cette paroisse; vous en mettrez. » Pendant quarante ans, le vaillant apôtre allait se dévouer à cette mission et sauver non-seulement les âmes qui lui étaient confiées d'office et spécialement, mais encore toutes celles que la Providence devait lui envoyer.

« On dit, raconte M. Monnin, qu'en apercevant les toits de sa paroisse, autour de laquelle il tournait depuis un moment sans la voir, il se mit à genoux pour appeler sur elle les bénédictions de Dieu... Ce fut à l'entrée du carême, le 9 février 1818, qu'il vint prendre possession de son poste. Il y vint dans l'appareil des apôtres, « n'ayant ni bâton, ni sac, ni pain, ni argent. » Son petit mobilier le suivait partout; il consistait en un bois de lit et quelques hardes, mais sa charité l'eut bientôt dépouillé de ses hardes, et la mortification inventa pour son lit des arrangements tels que M. Balley lui-même ne l'eût pas reconnu... Le curé d'Ars n'espérait rien de lui et attendait tout de Dieu; il s'adonnait avec d'autant plus d'ardeur à la piété, convaincu que sans elle les plus beaux dons de la nature ne servent de rien, et que, sans aucun de ces dons, la piété fait à elle seule des prodiges. Dès son arrivée, il choisit l'église pour sa demeure, se souvenant de ces paroles du Psalmiste : « Que vos tabernacles sont aimables, Seigneur des vertus ! Vos autels sont pour moi le nid que votre Providence fait trouver à l'oiseau. » On le voyait passer de longues heures prosterné au milieu du sanctuaire, dans l'immobilité la plus complète. Il se *baignait*, suivant son expression, dans les flammes de l'amour, devant Notre-Seigneur présent au saint autel. Il entrait à l'église avant l'aurore, et il n'en sortait qu'après l'angelus du soir. C'est là qu'il fallait aller le chercher, quand on avait besoin de lui; on était sûr de l'y trouver... M. Vianney, avons-nous dit, était constamment à l'église, il y passait ses journées tout entières et une grande partie de ses nuits. Dès lors, l'arrangement de sa cure, l'ameublement de sa chambre, les agencements nécessaires à une bonne et confortable installation devenaient pour lui superflus; il ne s'en préoccupa jamais; aussi le presbytère d'Ars commença-t-il d'avoir cet aspect singulier qui a frappé dans la suite tant de visiteurs, heureux d'avoir une fois balayé la poussière de ses vieux escaliers. On sentait bien qu'il y avait là quelqu'un de vivant; mais on était tenté de croire que c'était la de-

meure d'un esprit, tant on y remarquait
l'absence des choses les plus nécessaires à la
vie. »

Cette ferveur n'empêchait pas le bon curé
de vaquer à ses autres occupations et ne le
rendait point triste ni sauvage. « Oh ! que sa
piété était affectueuse et tendre ! affirme un
séminariste de cette paroisse. Elle ne présentait rien de bizarre et de singulier, elle dé-
coulait naturellement de son cœur, comme
l'eau d'une source abondante ; elle avait une
douceur et une suavité angéliques. Tout ne se
montrait pas au-dehors, et il était facile de
reconnaître que la fontaine ne donnait que de
sa plénitude. Oh ! la belle âme ! oh ! le cœur
riche de l'amour de Dieu ! Il m'était impossible de contenir mes larmes, quand de longs
soupirs s'échappaient de sa poitrine épuisée
par le jeûne, et surtout quand ses regards
affectueux s'élevaient vers le ciel. Je rougis-
sais d'être si froid, si imparfait ; une sainte
honte me prenait : c'était le mécontentement
de moi-même ; je l'aurais voulu moins séra-

phique. Mais tout-à-coup la grâce me réprimandait intérieurement, et, transporté hors de moi-même, je n'avais plus qu'une envie, celle d'imiter sa ferveur et sa piété. »

Quand on vit l'abbé Vianney monter à l'autel, et célébrer le saint sacrifice de la messe avec un si profond recueillement, on conçut la plus haute idée de sa vertu. Il donnait lui-même à ses paroissiens cette appréciation de la sainte messe :

LE SAINT SACRIFICE DE LA MESSE.

« Toutes les bonnes œuvres réunies n'équivalent pas au saint sacrifice de la messe, parce qu'elles sont les œuvres des hommes, et la messe est l'œuvre de Dieu. Le martyre n'est rien en comparaison : c'est le sacrifice que l'homme fait à Dieu de sa vie ; la messe est le sacrifice que Dieu fait à l'homme de son corps et de son sang. Après la consécration, quand je tiens dans mes mains le très saint corps de Notre-Seigneur, et quand je suis dans mes heures de découragement, ne me voyant digne que de l'enfer, je me dis : « Ah ! si du moins je pouvais l'emmener avec moi! l'enfer serait doux près de *lui*, il ne m'en coûterait pas d'y rester toute l'éternité à souffrir, si nous y étions ensemble. Mais alors il n'y aurait plus d'enfer; les flammes de l'amour éteindraient celles de la justice. » Que c'est beau! Après la consécration, le bon Dieu est là comme dans le ciel! Si l'homme connaissait bien ce mystère, il mourrait d'amour. Dieu nous ménage à cause de notre faiblesse. Un prêtre après la consécration doutait un peu que ses quelques paroles eussent pu faire descendre Notre-Seigneur sur l'autel; au même instant, il vit l'hostie toute rouge et le corporal teint de sang. Si l'on nous disait : « A telle heure, on doit ressusciter un mort, » nous courrions bien vite pour le voir. Mais la consécration qui change le pain et le vin au corps et au sang d'un Dieu, n'est-ce pas un bien plus grand miracle que de ressusciter un mort? Il faudrait toujours employer au moins un quart d'heure pour se préparer à bien entendre la messe. Il faudrait s'anéantir devant le bon Dieu, à l'exemple de son profond anéantissement dans le sacrement de l'Eucharistie, faire son examen de conscience; car, pour bien assister à la messe, il faut être en état de grâce. Si l'on connaissait le prix du saint sacrifice de la messe, ou plutôt si l'on avait la foi, on aurait bien plus de zèle pour y assister.

» Mes enfants, vous vous rappelez l'histoire

que je vous ai déjà racontée de ce saint prêtre qui priait pour son ami; apparemment
que Dieu lui avait fait connaître qu'il était en
purgatoire; il lui vint en pensée qu'il ne pouvait rien faire de mieux que d'offrir le saint
sacrifice de la messe pour son âme. Quand il
fut au moment de la consécration, il prit l'hostie entre ses doigts et dit : « Père saint et
éternel, faisons un échange. Vous tenez l'âme
de mon ami qui est en purgatoire, et moi je
tiens le corps de votre Fils qui est entre mes
mains : eh bien ! délivrez mon ami, et je vous
offre votre Fils avec tous les mérites de sa
mort et de sa passion. » En effet, au moment
de l'élévation, il vit l'âme de son ami, toute
rayonnante de gloire, qui montait au ciel.

» Eh bien ! mes enfants, quand nous voulons obtenir quelque chose du bon Dieu, faisons de même. Après la sainte communion,
offrons-lui son Fils bien-aimé avec tous les
mérites de sa mort et de sa passion; il ne
pourra rien nous refuser. »

De grandes réformes appelaient l'attention
du curé d'Ars; il voyait les vices et les abus,
fortement enracinés, auxquels il lui faudrait
déclarer une guerre sans trêve ni relâche, mais
en même temps il savait attendre le moment
favorable. Rien d'extérieur et de brillant, ni

dans sa personne ni dans ses discours, ne le recommandait à l'estime publique ; par l'ascendant de la sainteté il espéra éteindre ce foyer d'indifférence religieuse qui consumait sa paroisse.

Le travail du dimanche, qui attire la malédiction divine, lui brisait le cœur. Dans ses instructions, il ne cessa pas d'en montrer les conséquences funestes.

LA SANCTIFICATION DU DIMANCHE ET DES FÊTES.

« Vous travaillez, vous travaillez, mes enfants, mais ce que vous gagnez ruine votre âme et votre corps. Si on demandait à ceux qui travaillent le dimanche : « Que venez-vous de faire ? » ils pourraient répondre : « Je viens de vendre mon âme au démon, de crucifier Notre-Seigneur, et de renoncer à mon baptême. Je suis pour l'enfer. Il faudra pleurer toute une éternité pour rien. » Quand j'en vois qui charrient le dimanche, je pense qu'ils charrient leur âme en enfer. Oh ! comme il se trompe dans ses calculs, celui qui se démène le dimanche, avec la pensée qu'il va gagner plus d'argent ou faire plus d'ouvrage ! Est-ce que deux ou trois francs pourront jamais compenser le tort qu'il se fait à lui-même en violant la loi du bon Dieu ? Vous vous imaginez que tout dépend de votre travail ; mais voilà une maladie, voilà un accident... Il faut si peu de chose ! un orage, une grêle, une gelée. Le bon Dieu a tout sous sa main ; il peut se venger quand il veut et comme il veut ; les moyens ne lui manquent pas. N'est-ce pas toujours lui qui est le plus fort ? Ne faut-il pas qu'il reste le maître à la fin ?

» Il y avait une fois une femme qui était venue trouver son curé pour lui demander de ramasser ses foins le dimanche, « Mais, lui dit M. le curé, ce n'est pas nécessaire ; votre foin ne risque rien. » Cette femme insista, disant : « Vous voulez donc que je laisse périr ma récolte ? » C'est elle qui mourut le soir même... elle était plus en danger que sa récolte.

» Travaillez, non pour la nourriture qui périt, mais pour celle qui demeure dans la vie éternelle. Que vous revient-il d'avoir travaillé le dimanche ? Vous laissez bien la terre telle qu'elle est quand vous vous en allez ; vous n'emportez rien. Ah ! quand on est attaché à la terre, il ne fait pas bon s'en aller ! Notre premier but est d'aller à Dieu ; nous ne sommes sur la terre que pour cela. Mes frères, il faudrait mourir le dimanche et ressusciter le lundi. Le dimanche, c'est le bien du bon Dieu ; c'est son jour à lui, le jour du Seigneur. Il a fait tous les jours de la semaine, il pouvait tous les garder ; il vous en a donné six, il ne s'est réservé que le septième. De quel droit touchez-vous à ce qui ne vous appartient pas ? Vous savez que le bien volé ne profite jamais. Le jour que vous volez au Seigneur ne vous profitera pas non plus. Je connais deux moyens bien sûrs de devenir pauvre : c'est de travailler le dimanche et de prendre le bien d'autrui. »

La prière lui parut toujours le meilleur moyen de convertir les âmes ; il y avait sans cesse recours lui-même et il ne cessait de recommander aux personnes pieuses de prier pour la conversion des pécheurs.

LA PRIÈRE.

« Le trésor d'un chrétien n'est pas sur la terre, il est dans le ciel. Eh bien ! notre pensée doit aller où est notre trésor. L'homme a une belle fonction, celle de prier et d'aimer... Vous priez, vous aimez : voilà le bonheur de l'homme sur la terre ! La prière n'est autre chose qu'une union avec Dieu.

» Quand on a le cœur pur et uni à Dieu, on sent en soit un baume, une douceur qui enivre, une lumière qui éblouit. Dans cette union intime, Dieu et l'âme sont comme deux morceaux de cire fondus ensemble ; on ne peut plus les séparer. C'est une chose bien belle que cette union de Dieu avec sa petite créature. C'est un bonheur qu'on ne peut comprendre. Nous avions mérité de ne pas prier ; mais, Dieu, dans sa bonté, nous a permis de lui parler : notre prière est un encens qu'il reçoit avec un extrême plaisir.

» Mes enfants, vous avez un petit cœur, mais la prière l'élargit et le rend capable d'aimer Dieu... La prière est un avant-goût du ciel, un écoulement du paradis. Elle ne nous laisse jamais sans douceur. C'est un miel qui descend dans l'âme et adoucit tout. Les peines se fondent devant une prière bien faite, comme la neige devant le soleil.

» La prière fait passer le temps avec une grande rapidité, et si agréablement, qu'on ne s'aperçoit pas de sa durée. On en voit qui se perdent dans la prière comme le poisson dans l'eau, parce qu'ils sont tout au bon Dieu. Dans leur cœur, il n'y a pas d'entre-deux. Oh ! que j'aime ces âmes généreuses ! Saint François d'Assise et sainte Colette voyaient Notre-Seigneur et lui parlaient comme nous nous parlons. Tandis que nous, que de fois nous venons à l'église sans savoir ce que nous venons faire et ce que nous voulons demander ! Et pourtant, quand on va chez quelqu'un, on sait bien pourquoi on y va. Il y en a qui ont l'air de dire au bon Dieu : « Je m'en vas vous dire deux mots pour me débarrasser de vous. »

» Je pense souvent que, lorsque nous venons adorer Notre-Seigneur, nous obtiendrions tout ce que nous voudrions, si nous le lui demandions avec une foi bien vive et un cœur bien pur. Mais voilà ! nous sommes sans foi, sans espérance, sans désir et sans amour... Il y a deux cris dans l'homme : le cri de l'ange et le cri de la bête. Le cri de l'ange, c'est la prière; le cri de la bête, c'est le péché... »

Ceux qui ne prient pas se courbent vers la terre, comme une taupe qui cherche à faire un trou pour s'y cacher. Ils sont tout terrestres, tout abrutis, et ne pensent qu'aux choses du temps, comme cet avare qu'on administrait un jour; lorsqu'on lui présenta à baiser un crucifix d'argent : « Voilà une croix, dit-il, qui pèse bien dix onces. »

» Dans le ciel, s'il y avait un jour sans adoration, ce ne serait plus le ciel; et si les pauvres damnés, malgré leurs souffrances, pouvaient adorer, il n'y aurait plus d'enfer. Hélas! ils avaient un cœur pour aimer Dieu, une langue pour le bénir : c'était leur destinée, et maintenant ils sont condamnés à le maudire pendant toute l'éternité. S'ils pouvaient espérer qu'une fois ils prieront seulement pendant une minute, ils attendraient cette minute avec une telle impatience, que cela adoucirait leurs tourments. »

Pour renouveler la paroisse d'Ars, M. Vianney comptait beaucoup sur la dévotion et les visites au saint Sacrement; il obtint que jamais l'église ne fût déserte et que Notre-Seigneur eût toujours quelqu'un pour l'adorer : « Notre-Seigneur, disait-il, est là caché qui attend que nous venions le visiter et lui faire nos demandes. Voyez comme il est bon ! il s'accommode à notre faiblesse. Dans le ciel, où nous serons triomphants et glorieux, nous le verrons dans toute sa gloire; s'il se fût présenté maintenant avec cette gloire devant nous, nous n'aurions pas osé l'approcher ; mais il se cache comme une personne qui serait dans une prison, et nous dit : « Vous ne me voyez pas, mais ça ne fait rien ; demandez-moi tout ce que vous voudrez, je vous l'accorderai. » Il est là dans le sacrement de son amour, qui soupire et intercède sans cesse auprès de son Père pour les pécheurs. A quels outrages n'est-il pas exposé pour rester au milieu de nous? Il est là pour nous consoler; aussi devons-nous lui rendre visite souvent. Combien un petit quart d'heure, que nous dérobons à nos occupations, à quelques inutilités, pour venir le prier, le visiter, le consoler de toutes les injures qu'il reçoit, lui est agréable! Lorsqu'il voit venir avec empressement les âmes pures, il leur sourit. Elles viennent, avec cette simplicité qui lui plaît tant, lui demander pardon pour tous les pécheurs des insultes de tant d'ingrats.

» Ah! si nous avions les yeux des anges, en voyant Notre-Seigneur Jésus-Christ qui est ici présent sur cet autel, et qui nous regarde, comme nous l'aimerions! nous ne voudrions plus nous en séparer; nous voudrions toujours rester à ses pieds : ce serait un avant-goût du ciel; tout le reste nous deviendrait insipide. Mais, voilà!... c'est la foi qui manque. Nous sommes de pauvres aveugles; nous avons un brouillard sur les yeux. La foi seule pourrait dissiper ce brouillard. Tout-à-l'heure, mes enfants, quand je tiendrai Notre-Seigneur dans mes mains, quand le bon Dieu vous bénira, demandez-lui donc qu'il vous ouvre les yeux du cœur; dites-lui comme l'aveugle de Jéricho : « Seigneur, faites que je voie! » Si vous lui disiez sincèrement : « Faites que je voie! » vous obtiendriez certainement ce que vous désirez, parce qu'il ne veut que votre bonheur; il a ses mains pleines de grâces, cherchant à qui les distribuer, hélas! et personne n'en veut... O indifférence! ô ingratitude! Mes enfants, nous sommes trop malheureux de ne pas comprendre ces choses! Nous les comprendrons bien une fois; mais ce ne sera plus temps!...

» Notre-Seigneur est là comme victime... Aussi, tenez! une prière bien agréable à Dieu, c'est de demander à la sainte Vierge d'offrir au Père éternel son divin Fils, tout sanglant, tout déchiré, pour la conversion des pécheurs : c'est la meilleure prière que l'on puisse faire, puisqu'enfin toutes les prières se font au nom et par les mérites de Jésus-Christ. Mes enfants, écoutez bien ça : toutes les fois que j'ai obtenu une grâce, je l'ai demandée de cette manière, cela n'a jamais manqué... Lorsque nous sommes devant le saint Sacrement, au lieu de regarder autour de nous, fermons nos yeux et ouvrons notre cœur ; le bon Dieu ouvrira le sien. Nous irons à lui, il viendra à nous, l'un pour demander et l'autre pour recevoir ; ce sera comme un souffle de l'un à l'autre. Que de douceur ne trouvons-nous pas à nous oublier pour chercher Dieu. »

L'amour du plaisir, de la danse et des réunions dangereuses perdait beaucoup de jeunes gens et de jeunes personnes. M. Vianney pria beaucoup avant de se prononcer en chaire contre ces divertissements. « Dans le monde, mes frères, dit-il enfin, on ne pense qu'à se divertir. Cependant, on ne peut pas offrir une danse en expiation des fautes de sa pauvre vie ; on ne peut pas dire : Mon Dieu, je vous offre ce *rigodon* pour expier mes péchés... Si vous ne voulez que vous amuser en ce monde, alors n'offensez pas le bon Dieu! Mais ce sont justement ceux qui ont le moins peur d'offenser le bon Dieu qui ont toujours les plaisirs en tête... Un jour saint Eloi portait le viatique à un malade; il passait sur une place où l'on dansait. Il y eut un des danseurs qui dit : Il faut nous mettre à genoux. — Mais un autre répondit par un affreux blasphème. Saint Eloi l'ayant entendu, s'écria : Seigneur, punissez-les!... — Ils tombèrent tous roides morts. Saint Eloi les ressuscita ; puis il dit : Seigneur, faites-leur voir ceux qui les entourent. — Ils virent qu'ils étaient environnés de démons... Voyez, mes frères, les personnes qui entrent dans un bal laissent leur ange gardien à la porte, et c'est un démon qui le remplace ; en sorte qu'il y a bientôt dans la salle autant de démons que de danseurs. Voici ce que dit le Saint-Esprit par la bouche d'un prophète : Les gens du monde se divertissent au son des instruments, un moment après ils sont dans l'enfer. — Il faut avoir perdu la tête pour aller à la danse, quand on sait que la danse peuple les enfers... J'ai vu, un jour, un vieillard qui allait à la danse avec son bâton et ses lunettes! un autre allait voir danser avec un enfant sur les bras et un enfant à la main! Je pensais : Il conduit tout cela en enfer... Celui qui veut s'amuser avec le diable, disait saint Pierre Chrysologue, ne pourra pas se réjouir avec Jésus-Christ. On ne va pas au ciel sans l'avoir mérité, et on ne le mérite pas en désobéissant à Jésus-Christ, qui a condamné le monde et ses plaisirs. N'a-t-il pas dit : Ce maudit monde! ce malheureux monde! je ne prierai pas pour lui? Voyez, mes frères, Notre-Seigneur ne dit pas : Bienheureux ceux qui rient; bienheureux ceux qui dansent! il dit, au contraire : Bienheureux ceux qui pleurent; bienheureux ceux qui souffrent! »

Un autre genre de plaisirs lui donna d'abord beaucoup de peine ; nous voulons parler de ces fêtes annuelles appelées vulgairement les *vogues*, et auxquelles le peuple tient beaucoup. Il parvint à détourner les jeunes gens d'organiser ces coupables réjouissances ; mais les hommes essayèrent, une fois, de remplacer la jeunesse. Le bon curé se contenta de dire au prône : « Mes frères, j'ai aperçu, dimanche dernier, quelques hommes de ma paroisse, à qui leur âge respectable conseillerait une tenue plus grave et une conduite plus sage, qui portaient des rubans à leurs chapeaux ; j'ai pensé qu'ils voulaient se vendre. » Cette spirituelle remontrance empêcha toute nouvelle tentative.

Avec le goût des fêtes mondaines, marche ordinairement ce vice si difficile à extirper quand il a une fois pris possession des âmes : le vice honteux. M. Vianney voulut le bannir de sa paroisse, sachant bien que, cette victoire remportée, les conversions ne tarderaient pas à se produire.

LE PÉCHÉ.

« Celui qui vit dans le péché prend les habitudes et la forme des bêtes. La bête, qui

pas la raison, ne connaît que ses appé-
. De même, l'homme qui se rend sembla-
aux bêtes perd la raison, et se laisse con-
ire par les mouvements de son *cadavre*. Il
t son plaisir à bien boire, à bien manger
à jouir des vanités du monde, qui passent
mme le vent. Je plains les pauvres malheu-
x qui courent après ce vent ; ils gagnent
n peu ; ils donnent beaucoup pour un bien
tit profit ; ils donnent leur éternité pour la
isérable fumée du monde.

» Mes enfants, que c'est triste quand une
ne est en état de péché ! Elle peut mourir en
t état, et déjà tout ce qu'elle fait n'a point
 mérite devant Dieu. C'est pourquoi le dé-
on est si content quand une âme est dans
 péché et qu'elle y persévère, parce qu'il
nse qu'elle travaille pour lui, et que, si elle
nait à mourir, il l'aurait... Dans le péché,
tre âme est toute *galeuse*, toute *pourrie*;
le *fait regret*... La pensée que le bon Dieu
 regarde devrait la faire rentrer en elle-
ême... Et puis, quel plaisir a-t-on dans le
ché? On n'en a point. On fait des rêves af-
eux... que le démon nous emporte ; que nous
mbons dans des précipices... Mettez-vous
en avec le bon Dieu, ayez recours au sacre-
ent de pénitence : vous dormez tranquille
mme un ange. On est content de se réveil-
r la nuit pour prier le bon Dieu ; on n'a que
es actions de grâces à la bouche : on s'élève

avec une grande facilité vers le ciel, comm
un aigle qui fend les airs.

» Voyez, mes enfants, comme le péché dé
grade l'homme ! D'un ange créé pour aime
Dieu il fait un démon qui le maudira pendan
toute l'éternité... Ah ! si Adam, notre premie
père, n'avait pas péché, et si nous ne pé
chions pas tous les jours, comme nous serion
heureux ! Nous serions aussi heureux que le
saints dans le ciel. Il n'y aurait plus de mal
heureux sur la terre. Oh ! que ce serai
beau !...

» En effet, mes enfants, c'est le péché qu
attire sur nous toutes les calamités, tous le
fléaux, la guerre, la peste, la famine, les trem
blements de terre, les incendies, la gelée, la
grêle, les orages, tout ce qui nous désole,
tout ce qui nous rend malheureux.

» Voyez, mes enfants, une personne qui est
en état de péché est toujours triste. Elle a
beau faire, elle est ennuyée, dégoûtée de
tout ;... tandis que celle qui est en paix avec
le bon Dieu est toujours contente, toujours
joyeuse... O belle vie !... et belle mort !... »

» Mes enfants, nous avons peur de la mort...
je le crois bien ! C'est le péché qui nous fait
peur de la mort ; c'est le péché qui rend la
mort affreuse, épouvantable ; c'est le péché
qui effraye le méchant à l'heure du terrible
passage. Hélas ! mon Dieu ! il y a bien de quoi
être effrayé... Penser qu'on est maudit ! mau
dit de Dieu !... Ça fait trembler ! Maudit de

lieu ! et pourquoi ? pourquoi les hommes
exposent-ils à être maudits de Dieu !...
pour un blasphème, pour une mauvaise pen-
ée, pour une bouteille de vin, pour deux minutes de plaisir !... Pour deux minutes de
plaisir perdre Dieu, son âme, le ciel, pour
toujours !... On verra monter au ciel, en corps
et en âme, ce père, cette mère, cette sœur,
ce voisin, qui étaient là près de nous... avec
qui nous avons vécu, mais que nous n'avons
pas imités ; tandis que nous descendrons en
corps et en âme dans l'enfer pour y brûler.
Les démons se rouleront sur nous... Tous les
démons dont nous aurons suivi les conseils
viendront nous tourmenter...

» Mes enfants, si vous voyiez un homme
dresser un grand bûcher, entasser des fagots
les uns sur les autres, et que lui demandant
ce qu'il fait, il vous répondit : « Je prépare le
feu qui doit me brûler, » que penseriez-vous ?
Et si vous voyiez ce même homme approcher
la flamme du bûcher, et, quand il est allumé,
se précipiter dedans... que diriez-vous ?...
En commettant le péché, c'est ainsi que nous
faisons. Ce n'est pas Dieu qui nous jette en
enfer, c'est nous qui nous y jetons par nos
péchés. Le damné se dira : « J'ai perdu Dieu,
mon âme et le ciel : c'est par ma faute, par
ma faute, par ma très grande faute !... » Il
s'élèvera du brasier pour y retomber... *Il sen-
tira toujours le besoin de s'élever, parce qu'il
était créé pour Dieu, le plus grand, le plus haut*

des êtres, le TRÈS-HAUT.... *comme un oisea
dans un appartement vole jusqu'au plancher e
retombe.... la justice de Dieu est le planche
qui arrête les damnés.*

» Il n'est pas besoin de prouver l'existenc
de l'enfer. Notre-Seigneur en parle lui-même
quand il raconte l'histoire du mauvais riche
qui criait : « Lazare ! Lazare ! » On sait bien
qu'il y a un enfer, mais on vit comme s'il n'y
en avait point ; on vend son âme pour quelques pièces de monnaie. Nous renvoyons notre conversion à la mort ; mais qui nous as-
sure que nous aurons le temps et la force, à
ce moment redoutable que tous les saints ont
appréhendé, où l'enfer se réunit pour nous
livrer assaut, voyant que c'est l'instant déci-
sif ? Il y en a bien qui perdent la foi, qui ne
voient l'enfer qu'en y entrant. On leur admi-
nistre les sacrements ; mais demandez-leur
s'ils ont fait tel péché, ils vous répondent :
« Oh ! arrangez cela comme vous voudrez !...»

» Il y en a qui offensent le bon Dieu à tout
moment ; leur cœur est une fourmilière de
péchés ; il ressemble à un morceau de viande
gâtée, rongée par les vers...

» Non, vraiment, si les pécheurs songeaient
à l'éternité, à ce terrible TOUJOURS !... ils se
convertiraient sur-le-champ... Il y a près de
six mille ans que Caïn est dans l'enfer, et il
ne fait que d'y entrer. »

Autant la parole du saint curé était cfrayante dans ses peintures du péché et du vice, autant elle avait quelque chose d'angélique lorsqu'il recommandait surtout la reine des vertus.

LA CHASTETÉ.

« Il n'y a rien de si beau qu'une âme pure ! Si on le comprenait, on ne pourrait pas perdre la pureté. L'âme pure est dégagée de la matière, des choses de la terre et d'elle-même... C'est pourquoi les saints maltraitaient leur corps ; c'est pourquoi ils ne lui accordaient pas ce qui était nécessaire, pas même de se lever cinq minutes plus tard, de se chauffer, de manger quelque chose qui leur fît plaisir... Voilà ! ce que le corps perd, l'âme le prend, et ce que le corps prend, l'âme le perd.

» La pureté vient du ciel ; il faut la demander à Dieu. Si nous la demandons, nous l'obtiendrons. Il faut bien prendre garde de la perdre. Il faut fermer notre cœur à l'orgueil, à la sensualité et à toutes les autres passions... comme quand on ferme les portes et les fenêtres pour que personne ne puisse entrer. Quelle joie pour l'ange gardien chargé de conduire une âme pure !

» Mes enfants, quand une âme est pure, tout le ciel la regarde avec amour! Les âmes pures formeront le cercle autour de Notre-Seigneur. Plus on aura été pur sur la terre, plus on sera près de lui dans le ciel. Lorsque le cœur est pur, il ne peut se défendre d'aimer, parce qu'il a retrouvé la source de l'amour, qui est Dieu. « Heureux, dit Notre-Seigneur, ceux qui ont le cœur pur, parce qu'ils verront Dieu ! » Mes enfants, on ne peut pas comprendre le pouvoir qu'une âme pure a sur le bon Dieu. Ce n'est pas elle qui fait la volonté de Dieu, c'est Dieu qui fait sa volonté. Voyez Moïse, cette âme si pure ! lorsque Dieu voulait punir le peuple juif, il lui disait : « Ne me prie pas, parce qu'il faut que ma colère éclate contre ce peuple. » Néanmoins Moïse priait, et Dieu épargnait son peuple ; il se laissait fléchir, il ne pouvait résister à la prière de cette âme pure.

» O mes enfants, une âme qui n'a jamais été souillée par ce maudit péché obtient tout ce qu'elle veut du bon Dieu.

» Pour conserver la pureté, il y a trois choses : la présence de Dieu, la prière et les sacrements. Il y a encore la lecture des livres saints ; elle nourrit l'âme.

» Que c'est beau une âme ! Notre-Seigneur en fit voir une à sainte Catherine ; elle la trouva si belle, qu'elle dit : « Seigneur, si je ne savais pas qu'il n'y a qu'un Dieu, je croirais que c'en est un. » L'image de Dieu se réfléchit dans une âme pure comme le soleil dans l'eau. Une âme pure est l'admiration des trois personnes de la sainte Trinité. Le Père contemple son ouvrage : « Voilà donc ma créature ! » le Fils, le prix de son sang.

» On connaît la beauté d'un objet au prix qu'il a coûté... Le Saint-Esprit y habite comme dans un temple. Nous connaissons encore le prix de notre âme aux efforts que le démon fait pour la perdre. L'enfer se ligue contre elle, le ciel pour elle...

» Notre-Seigneur a toujours distingué les âmes pures. Voyez saint Jean, le disciple bien-aimé qui reposa sur sa poitrine ! Sainte Catherine était pure, elle se promenait souvent en paradis. Lorsqu'elle mourut, des anges enlevèrent son corps et le portèrent sur le mont Sinaï, là où Moïse avait reçu les commandements de la loi. Dieu a fait voir par ce prodige qu'une âme pure lui est si agréable, qu'elle mérite que son corps même, qui a participé à sa pureté, soit enseveli par les anges. Dieu contemple avec amour une âme pure, il lui accorde tout ce qu'elle demande. Comment résisterait-il à une âme qui ne vit que pour lui ? Elle le cherche, et Dieu se montre à elle ; elle l'appelle, et Dieu vient ; elle ne fait plus qu'un avec lui ; elle enchaîne sa volonté. Une âme pure est toute-puissante sur le cœur si bon de Notre-Seigneur. Une âme pure est auprès de Dieu comme un enfant auprès de sa mère : il la caresse, l'embrasse,

et sa mère lui rend ses caresses et ses em-
brassements. »

Après avoir complétement changé sa paroisse par les mille saintes industries de son
zèle, il s'occupa de la fondation d'une *Providence* en faveur des jeunes orphelines aban-
données. Les ressources n'étaient pas considé-
rables, mais sa confiance en Dieu était sans
bornes. Un jour ses quatre-vingts enfants n'a-
vaient pas de pain pour la journée; grande
rumeur parmi les directrices de l'asile! Il se
contenta de dire à la boulangère : « Mettez
votre levain dans le peu que vous avez de farine ; fermez votre pétrin, et demain faites
comme si de rien n'était. » Elle obéit. « Je ne
sais comment cela se fit, raconte-t-elle, toujours est-il que le lendemain, à mesure que
je pétrissais, la pâte montait, montait sous
mes doigts, je n'abondais pas à y mettre de
l'eau ; plus j'en mettais, plus elle se gonflait
et s'épaississait, tant et si bien que le pétrin
se trouva en un moment comble jusqu'aux

vit son œuvre de prédilection anéantie pour toujours : « Il nous faudra donc, disait-il tristement, renvoyer nos pauvres enfants, puisque nous ne savons plus où prendre pour les nourrir ! » Il voulut toutefois donner un coup d'œil au grenier, qu'il trouva, à sa grande surprise, rempli de blé. Plein de joie, il courut annoncer cette nouvelle aux orphelines : « Je m'étais défié de la Providence, mes pauvres petites ; je voulais vous renvoyer... Le bon Dieu m'a bien puni. » Il avoua lui-même ce fait aux missionnaires en disant : « Un jour que je n'avais plus rien pour nourrir mes pauvres orphelines, il m'est venu en pensée de cacher les reliques de saint François-Régis dans le peu qui nous restait de blé. Le lendemain matin, nous étions bien riches. »

D'autres aveux du saint prêtre nous apprennent qu'il fut souvent favorisé de bienfaits miraculeux. « Quand je pense au soin que le bon Dieu a pris de moi, quand je récapitule ses bontés et ses miséricordes, la reconnaissance et la joie de mon cœur débordent de tous côtés, je ne sais plus que devenir... Je ne découvre de toute part qu'un abîme d'amour dans lequel je voudrais pouvoir me perdre et me noyer. Je l'ai reconnu particulièrement deux fois. Lorsque j'étudiais, j'étais accablé de chagrin, je ne savais plus que faire. Je vois encore l'endroit ; je passais à côté de la maison de la Bibot ; il me fut dit, comme si c'était quelqu'un qui m'eût parlé à l'oreille : « Va, sois tranquille, tu seras prêtre un jour. » Une autre fois que j'avais beaucoup d'inquiétude et d'ennui, j'entendis la même voix qui me disait distinctement : « Que t'a-t il manqué jusqu'à présent ? » En effet, j'ai toujours eu de quoi faire... J'ai remarqué que ceux qui ont des revenus sont continuellement à se plaindre : il leur manque toujours quelque chose. Mais ceux qui n'ont rien, jamais rien ne leur manque. Il fait bon s'abandonner uniquement, sans réserve et pour toujours, à la conduite de la divine Providence. Nos réserves tarissent le courant de ses miséricordes, et nos défiances arrêtent ses bienfaits... Vivons donc doucement dans le sein de cette bonne Providence si attentive à tous nos besoins. »

Après avoir vu comment le curé d'Ars réforma sa paroisse, nous examinerons par quels moyens il se sanctifia lui-même et devint l'homme extraordinaire que les pèlerins viendront consulter nuit et jour !

IV

VERTUS RARES DU CURÉ D'ARS.

Les âmes vraiment humbles ignorent les bonnes œuvres qu'elles opèrent, et ne s'aperçoivent pas du bien qu'elles font autour d'elles. M. Vianney craignait constamment pour le salut de son âme, et répétait cette parole :

« Oh ! si j'avais su ce que c'était qu'un curé, au lieu d'entrer dans une cure, je me serais bien plutôt sauvé à La Trappe. » Il fit pourtant plus encore de pénitences qu'il ne lui aurait été possible d'en pratiquer dans un monastère.

Son lit était composé d'une simple paillasse ; encore le quittait-il souvent, comme une couche trop molle, pour dormir un instant au grenier, la tête appuyée sur une pierre. Il achetait le pain noir et moisi que les pauvres portaient dans leurs besaces pour en faire sa nourriture ; quelques pommes de terre, cuites à l'eau, lui suffisaient pendant plusieurs jours. Tout ce qu'on lui donnait pour son entretien devenait aussitôt la propriété des pauvres.

Le jeûne était passé chez lui à l'état habituel ; mais lorsque la faim avait par trop épuisé ses forces, il se préparait un *bon* dîner.

« Que j'étais donc heureux dans les premiers temps ! Je n'avais pas ce monde sur les bras ; j'étais tout seul. Quand je voulais dîner, j' ne perdais pas beaucoup de temps. Trois *mâte-faims* faisaient l'affaire. Pendant que je cuisais le second, je mangeais le premier; pendant que je mangeais le second, je cuisais le troisième. J'achevais mon repas, en rangeant ma poèle et mon feu, je buvais un peu d'eau, et il y en avait pour deux ou trois jours. » Il faisait pénitence, non-seulement pour lui-même, mais surtout pour les pécheurs, à qui il n'imposait qu'une légère satisfaction, se réservant le soin de la compléter par ses propres souffrances.

Pendant tout le carême, il passait plusieurs jours sans prendre aucune espèce de nourriture. A ses yeux, le jeûne était le meilleur préservatif contre le péché, et le plus sûr moyen d'obtenir la grâce. « Le démon, disait-il, se moque de la discipline et des autres instruments de pénitence. Du moins, s'il ne s'en moque pas, il en fait peu de cas et trouve encore moyen de s'arranger avec ceux qui en font usage; mais ce qui le met en déroute, c'est la privation dans la nourriture et le sommeil. Il n'y a rien que le démon craigne autant que cela, et qui soit plus agréable au bon Dieu. Que de fois je l'ai éprouvé, quand j'étais seul, pendant cinq ou six ans, pouvant me livrer à mon attrait tout à mon aise, sans être remarqué de personne! Oh! que de grâces Notre-Seigneur m'accordait dans ce temps-là! j'obtenais de lui tout ce que je voulais. »

Il essaya de manger de l'herbe, mais il fut forcé de se priver de cette mortification. « On voit bien, avoua-t-il à un ami, que nous sommes faits autrement que les bêtes. J'ai voulu une fois entreprendre de vivre comme elles, en ne mangeant que de l'herbe; je n'avais plus de forces. Il paraît que le pain est nécessaire à l'homme. » Pendant une semaine entière, il se soumit à cet affreux régime.

Il est dans cette existence une page qui rappelle vraiment le séraphique mendiant d'Assise. Nous l'empruntons à son historien : « Prenant prétexte des services qu'elles lui rendaient, mais en vérité pour satisfaire un

peu de curiosité, peut-être aussi par une secrète intention de l'éprouver, mademoiselle
Pignaut et la veuve Renard reprochaient souvent à M. Vianney de ne pas les inviter : tant
de repas qu'elles avaient préparés pour d'autres méritaient bien, leur semblait-il, ce léger
retour !... Un soir donc que M. le curé avait
renouvelé sa provision de pain des pauvres
et qu'il en avait sa corbeille pleine, il alla
trouver sa voisine : « Claudine, lui dit-il d'un
ton plus dégagé qu'à l'ordinaire, vous vien-
drez tout-à-l'heure chez moi avec votre fille
et mademoiselle Pignaut. Je vous veux toutes
les trois. »

Voilà des femmes bien heureuses et surtout
bien impatientes de voir arriver l'heure du
rendez-vous, afin d'apprendre ce que M. le
curé leur veut. « Ce que je vous veux? leur
dit-il, quand elles furent entrées, Je veux
vous faire souper avec moi ; n'êtes-vous pas
bien contentes?... Prenez des chaises et asseyez-vous. Comme nous allons nous réga-
ler !... Nous mangerons le pain des pauvres,

qui sont les amis de Notre-Seigneur, nous boirons de la bonne eau du bon Dieu : voilà pour le corps. Nous lirons ensuite la vie de ces bons saints, si pénitents, si mortifiés : voilà pour l'âme. Allons, mettons-nous à l'œuvre. »

Le bon curé avait ainsi organisé sa table et ordonné le festin : au milieu était la corbeille remplie du pain des pauvres ; à droite, la *Vie des Saints*, en un gros volume in-folio, à gauche, un seau d'eau avec une écuelle de bois. En voyant ce bel ordre, Claudine Renard, qui était dans le secret, échangea un coup d'œil avec M. le curé et sourit ; les deux autres furent un peu décontenancées.

Sans paraître s'apercevoir de leur embarras, M. Vianney bénit la table et offrit à chacune un morceau de pain. « Je n'osai pas refuser, dit Anne Renard, en racontant cette histoire ; je vins à bout de ma portion de pain, et ma mère aussi ; mais mademoiselle Pignaut, quelque volonté qu'elle y mît, ne put jamais avaer la sienne. Tout le temps que dura la séance, elle fut sur les épines, ne se souvenant pas d'avoir été à pareille fête. Elle ne parla plus de se faire inviter uue seconde fois. » Ce trait prouve l'aimable charité du prêtre, qui ne savait rien refuser, pas même une satisfaction à la curiosité de ses paroissiens !

Donnant aux pauvres tout ce qui lui appartenait, il ne réservait rien pour lui-même ; sa soutane tombait en lambeaux et était couverte de pièces ajustées avec plus ou moins d'élégance. Quand on le priait de mieux se vêtir, il répondait simplement : « C'est assez bon pour le curé d'Ars ! Qui voulez-vous qui s'en scandalise ? Quand on a dit : C'est le curé d'Ars, on a tout dit. » Tous ses meubles furent vendus à des personnes pieuses qui les payaient largement, afin de participer à ses bonnes œuvres. Les rares ustensiles de son ménage respiraient la pauvreté la plus complète ; jamais il ne voulut remplacer son écuelle de terre par une tasse de faïence...

On lui tendait des piéges pour mettre à l'é-

preuve son amour pour les pauvres. Il consentit une fois à manger un morceau de pou-
let, parce qu'on lui promit dix francs en récompense de cette gourmandise; il vendait,
dans le même but, les dents qu'on lui avait
arrachées. « Peu m'importe, répétait-il alors,
pourvu que j'aie de l'argent pour mes pauvres. » Il lui arriva de donner ses souliers et
ses bas, son mouchoir et sa culotte, quand il
ne lui restait plus autre chose !   .

Non content de se dépouiller en faveur des
malheureux, il les recommandait sans cesse
à la charité publique : « Que nous sommes
heureux que les pauvres viennent ainsi nous
demander l'aumône ! S'ils ne venaient pas, il
faudrait aller les chercher, et on n'a pas toujours le temps. Il y en a qui ne font l'aumône
que pour qu'on les voie, qu'on les loue et
qu'on les admire. Il y en a qui trouvent qu'on
ne les remercie pas assez. Ce n'est pas ça ! Si
c'est pour le monde que vous faites l'aumône,
vous avez raison de vous plaindre ; mais si
c'est pour le bon Dieu, qu'on vous remercie

ou qu'on ne vous remercie pas, qu'importe! Il faut faire tout le bien que nous pouvons à tout le monde, mais n'attendre notre récompense que de Dieu seul.

Quand nous faisons l'aumône, il faut penser que c'est à Notre-Seigneur et non aux pauvres que nous donnons. Souvent nous croyons soulager un pauvre, et il se trouve que c'est Notre-Seigneur... Voyez saint Jean de Dieu : il avait l'habitude de laver les pieds des pauvres avant de les faire manger. Un jour, se penchant sur les pieds d'un pauvre, il vit que ce pauvre avait les pieds percés. Il releva la tête avec émotion, et il s'écria : « C'est donc vous, Seigneur! » Notre-Seigneur lui dit : « Jean, je prends plaisir à voir comme tu as soin de mes pauvres. » Et il disparut.

» Il y en a qui disent aux pauvres, quand ils ont l'air d'avoir la santé : « Vous êtes un paresseux! vous pourriez bien travailler; vous êtes jeune, vous avez de bons bras. » Vous ne savez pas si ce n'est point le bon plaisir de Dieu que ce pauvre aille demander

son pain. Vous vous exposez ainsi à murmurer contre la volonté de Dieu. Voyez le bienheureux Benoît Labre : tout le monde le re-
butait, on l'appelait fainéant, les enfants lui
jetaient des pierres. Ce bon saint savait qu'il
faisait la volonté de Dieu ; jamais il ne répondait rien. Une fois, il alla trouver son confesseur, qui lui dit : « Mon ami, je crois que
vous feriez mieux d'aller en condition ; vous
faites offenser le bon Dieu. Le monde dit que
ce n'est que la paresse qui vous porte à men-
dier. » Benoît Labre lui répondit bien humblement : « Mon père, c'est la volonté de Dieu
que je mendie. Tirez le rideau de votre confessionnal, et vous verrez. » Ce prêtre ouvrit
et vit une lumière qui éclaira toutes les cha-
pelles. Certes, le confesseur se garda bien de
le détourner de sa voie...

» Eh bien ! mes enfants, que savons-nous s'il
n'y en a pas qui sont comme ça ? C'est pourquoi il ne faut jamais rebuter les pauvres. Si
on ne peut pas leur donner, on prie Dieu
d'inspirer aux autres de le faire. Il y en a qui

disent : « Oh ! il en fait un mauvais usage. »
Qu'il en fasse l'usage qu'il voudra, le pauvre
sera jugé sur cet usage qu'il aura fait de votre
aumône, et vous, vous serez jugé sur l'aumône elle-même que vous aurez pu faire et
que vous n'avez pas faite. Il ne faut jamais
mépriser les pauvres, parce que ce mépris retombe sur Dieu. »

Le démon voyait avec rage toutes les victimes que le curé d'Ars lui arrachait par ses
austérités et ses prédications ; il essaya de l'effrayer et de le tourmenter, comme il fit jadis
pour saint Antoine le solitaire. Le témoignage
de M. Vianney ne permet pas d'élever le moindre doute sur cette diabolique persécution :
« La première fois que le démon est venu me
tourmenter, c'était à neuf heures du soir, au
moment où j'allais me mettre au lit. Trois
grands coups retentirent à la porte de ma
cour, comme si on avait voulu l'enfoncer
avec une énorme massue. J'ouvris aussitôt
ma fenêtre et je demandai : Qui est là ? mais
je ne vis rien, et j'allai tranquillement me

coucher, en me recommandant à Dieu, à la très sainte Vierge et à mon bon ange. Je n'étais pas endormi que trois autres coups plus violents, frappés non plus à la porte extérieure, mais à celle de la montée d'escalier qui conduit à ma chambre, me firent ressauter. Je me levai et m'écriai une seconde fois : Qui est là ? Personne ne répondit. Lorsque ce bruit commença, je m'imaginai que c'étaient des voleurs qui en voulaient aux beaux ornements de M. le vicomte d'Ars, et je crus qu'il était bon de prendre des précautions. Je priai deux hommes courageux de venir coucher à la cure pour me prêter main-forte, en cas de besoin. Ils vinrent plusieurs nuits de suite; ils entendirent le bruit, mais ne découvrirent rien et demeurèrent convaincus que ce vacarme avait une autre cause que la malveillance des hommes.

» J'en acquis moi-même bientôt la certitude ; car, pendant une nuit d'hiver qu'il était tombé beaucoup de neige, trois énormes coups se firent entendre vers le milieu de la nuit. Je sautai précipitamment à bas de mon lit, je pris la lampe et descendis jusque dans la cour, pensant trouver cette fois les malfaiteurs en fuite et me proposant d'appeler au secours. Mais, à mon grand étonnement, je ne vis rien, je n'entendis rien, et, qui plus est, je ne découvris sur la neige aucune trace de pas... Je ne doutai plus alors que ce ne fût le démon qui voulait m'effrayer. Je m'abandonnai à la volonté de Dieu, le priant d'être mon défenseur et mon gardien, et de s'approcher de moi avec ses saints anges, quand mon ennemi viendrait de nouveau me tourmenter. »

Différentes personnes, dignes de confiance, ont entendu de la bouche du curé d'Ars d'autres confidences semblables. Le démon prenait toutes les formes pour effrayer M. Vianney : il imitait les hurlements du loup, les aboiements du chien et le mugissement du bœuf; il faisait un vacarme affreux dans la cure, bouleversait le lit, déchirait les rideaux en appelant M. Vianney mangeur de pommes de terre.

Au lieu de ralentir sa course dans la carrière de la pénitence, pour se débarrasser des attaques de l'enfer, le curé d'Ars redoubla ses austérités : « Le matin, je suis obligé de me donner deux ou trois coups de discipline pour faire marcher mon cadavre. Ça réveille les fibres. N'avez-vous pas vu des meneurs d'ours? Vous savez comme ils apprivoisent ces méchantes bêtes ; c'est en leur donnant de grands coups de bâton. C'est ainsi qu'on dompte son cadavre et qu'on apprivoise le vieil Adam... Dans cette voie il n'y a que le premier pas qui coûte. La mortification a un baume et des saveurs dont on ne peut plus se passer quand on les a une fois connues ; on veut épuiser la coupe et aller jusqu'au bout. » Les épreuves les plus amères, celles qui viennent de la part des hommes à qui on a fait du bien, ne firent pas défaut au curé d'Ars. Elles durent bien lui faire comprendre le néant des jugements du public, et le vide de la gloire de ce monde!

La calomnie, si habile à changer le bien en

mal, le mensonge, la jalousie, le sarcasme et les critiques attaquèrent tour à tour sa conduite et sa réputation. Les diffamateurs le représentaient partout comme un esprit étroit et faussé par les rêveries, comme un fanatique habile à se couvrir du masque de l'hypocrisie. Les meilleurs chrétiens en vinrent, pendant quelque temps, à ajouter foi aux ridicules accusations que la malice faisait peser sur un innocent. Sa vertu se montra dans tout son éclat, au milieu de cette tempête déchaînée par les méchants.

Ses propres paroles attestent qu'il ne perdit point le calme de l'âme.

SOUFFRIR !

« La croix faire perdre la paix ! répondit-il à quelqu'un qui l'interrogeait à cet égard. C'est elle qui a donné la paix au monde ; c'est elle qui doit la porter dans nos cœurs. Toutes nos misères viennent de ce que nous ne l'aimons pas. C'est la crainte des croix qui augmente les croix. Une croix portée simplement, et sans ces retours d'amour-propre qui exagèrent les peines, n'est plus une croix. Une souffrance paisible n'est plus une souffrance. Nous nous plaignons de souffrir ! nous aurions bien plus de raison de nous plaindre de ne pas souffrir, puisque rien ne nous rend plus semblables à Notre-Seigneur que de porter sa croix. Oh ! belle union de l'âme avec Notre-Seigneur Jésus-Christ par l'amour et la vertu de sa croix ! Je ne comprends pas comment un chrétien peut ne pas aimer la croix et la fuir ! N'est-ce pas fuir en même temps celui qui a bien voulu y être attaché et y mourir pour nous ? Les contradictions nous mettent au pied de la croix, et la croix à la porte du ciel. Pour y arriver il faut qu'on nous marche dessus, que nous soyons vilipendés, méprisés, broyés.

Il n'y a d'heureux en ce monde que ceux qui ont le calme de l'âme, au milieu des peines de la vie : ils goûtent la joie des enfants de Dieu. Toutes les peines sont douces, quand on souffre en union avec Notre-Seigneur.

» Souffrir ! qu'importe ? ce n'est qu'un moment. Si nous pouvions aller passer huit jours dans le ciel, nous comprendrions le prix de ce moment de souffrance. Nous ne trouverions pas de croix assez lourde, pas d'épreuve assez amère...

» La croix est le don que Dieu a fait à ses amis. Que c'est beau de s'offrir tous les matins en sacrifice au bon Dieu, et de tout accepter en expiation de ses péchés ! Il faut demander l'amour des croix : alors elles deviennent douces. J'en ai fait l'expérience pendant quatre ou cinq ans. J'ai été bien calomnié, bien contredit. Oh ! j'avais des croix... j'en avais presque plus que je n'en pouvais porter ! je me mis à demander l'amour des croix... alors je fus heureux. Je me dis : Vraiment, il n'y a de bonheur que là... il ne faut jamais regarder d'où viennent les croix : elles viennent de Dieu. C'est toujours Dieu qui nous donne ce moyen de lui prouver notre amour. »

Des lettres anonymes, cette arme des lâches, des affiches collées sur les murs, des libelles ignobles, attaquèrent même les mœurs angéliques du curé d'Ars. On lui faisait un crime de sa prétendue ignorance, on le menaçait des censures de l'autorité diocésaine, on lui reprochait ses décisions théologiques malgré leur exactitude, on le proclamait incapable d'exercer le saint ministère. Le saint homme poussait la douceur jusqu'à se croire coupable, pour excuser ses ennemis. « Au moins, disait-il, je ne trompe pas tout le monde. Il y en a qui me mettent à ma place et m'apprécient à ma juste valeur. Combien je leur ai d'obligation. Car ce sont eux qui m'aident à me connaître... Je m'attendais d'un moment à l'autre à être mis à la porte, à coups de bâtons, interdit et condamné à finir mes jours dans les prisons. Il me semblait que tout le monde aurait dû me faire les cornes, pour avoir osé demeurer si longtemps dans une paroisse où je ne pouvais être qu'un obstacle au bien... Que j'étais content de me voir foulé aux pieds de tout le monde comme la boue des chemins ! Je me disais : Bon ! c'est cette fois que ton évêque va te traiter comme tu le mérites. C'est impossible qu'il ne te fasse pas mettre à la porte. Et cette pensée me consolait, elle soutenait mon courage... Je serais fâché que le bon Dieu fût offensé ; mais, d'un autre côté, je me réjouis dans le Seigneur de tout ce qu'il permet qu'on dise contre moi, parce que les condamnations du monde sont des bénédictions de Dieu. J'avais peur d'être hypocrite, quand je voyais qu'on faisait quel-

que cas de moi ; je suis bien content que cette
estime si mal fondée se tourne en mépris. »
Pendant huit années, le curé d'Ars fut victime
des plus injustes appréciations et des plus
odieuses persécutions ; il s'en consolait par
la pensée du jour du jugement, où Dieu rendra à chacun ce qui lui est dû.

La maladie, occasionnée par l'excès de ses
travaux apostoliques et de ses pénitences, vint
ensuite clouer M. Vianney sur un lit de douleurs. Aussitôt l'affection de ses paroissiens
se réveilla pour demander au ciel la conservation d'une vie aussi précieuse. « Vous ne pouvez vous faire une idée, écrivait-on, du spectacle attendrissant et religieux sans cesse présent devant nous, depuis la maladie du saint
homme : les larmes, les sanglots, les prières,
cette église qui semble déserte sans lui, et qui,
cependant, se remplit sans cesse d'une foule
éplorée qui supplie du cœur, de la pensée,
enfin par tous les actes d'une confiance naïve,
et d'une touchante piété. Des cierges brûlent
à tous les autels, les chapelets sont à toutes

les mains. Les premiers jours, on fut obligé
de mettre des gardes à la porte de la cure,
pour retenir une foule indiscrètement empres-
sée qui demandait à le voir encore, à recevoir
une dernière bénédiction. On ne put calmer
cette entreprenante ferveur qu'en avertissant
du moment où le Saint, se relevant sur son
lit de douleur, donna une bénédiction géné-
rale. Les jours de maladie se succèdent sans
apporter aucun affaiblissement dans l'intérêt,
dans les prières ni dans le zèle de chacun.
C'est vraiment un sentiment bien profond et
bien indéfinissable que celui qui remplit nos
âmes depuis quelques jours. Je comprends
maintenant la tristesse des apôtres, lorsque le
Seigneur leur annonça qu'il allait les quitter. » M. Vianney fut sur le point de s'envo-
ler au ciel, et quand on lui proposa de recevoir les derniers sacrements, il voulut qu'on
sonnât les cloches pour avertir les paroissiens
de prier pour leur pasteur.

Une apparition de sainte Philomène, en
qui il avait une confiance particulière, le rat-

tacha à la vie. Laissons la parole à celui qui fut le garde-malade du saint curé : « Se voyant réduit à la dernière extrémité, il demanda une messe en l'honneur de sainte Philomène, à laquelle il s'était consacré par un vœu spécial. On fit appeler un prêtre voisin pour dire cette messe, et tout ce qu'il y avait à Ars d'étrangers et d'habitants y assistèrent.

» Avant que le saint sacrifice commençât, M. le curé me parut être dans l'attitude d'une personne qui s'effraye. Je remarquai en lui quelque chose d'extraordinaire, une grande anxiété, un trouble inaccoutumé. J'observai tous ses mouvements avec un redoublement d'attention ; je crus que l'heure fatale était arrivée, et qu'il allait rendre le dernier soupir. Mais dès que le prêtre fut à l'autel, il se trouva tout-à-coup plus tranquille. Il me fit l'effet d'un homme qui voit quelque chose d'agréable et de rassurant. La messe était à peine finie, qu'il s'écria : « Mon ami, il vient de s'opérer en moi un grand changement... je suis guéri ! » Ma joie fut grande à ces paro-

les. Je restai convaincu que M. Vianney venait d'avoir une vision, car je l'avais entendu
murmurer plusieurs fois le nom de sa douce
protectrice, ce qui me porta à croire que
sainte Philomène lui était apparue; mais je
n'osai pas l'interroger. » Le curé d'Ars reconnaissait lui-même la réalité du prodige, et il
racontait plus tard qu'il avait autour de lui
trois ou quatre médecins qui le regardaient
mourir!

« Dès qu'il fut hors de danger, il songea à
remercier Dieu de sa guérison et à se pros-
terner devant l'autel de sa *chère petite sainte
Philomène.* « Pendant huit jours, continue le
garde-malade, je conduisis moi-même M. le
curé à l'église, entre minuit et une heure. Il
était si épuisé qu'il n'aurait pas pu attendre
jusqu'au matin sans prendre quelque nourriture. Dès qu'il était entré, la cloche donnait
le signal et toute la population accourait pour
assister à sa messe. Au lieu d'être à l'Ascension, nous nous croyions tous, pendant cette
semaine, transportés à la veille de Noël, et

nous nous réjouissions dans le Seigneur, en voyant notre vénérable curé descendre du ciel, où il était si près d'entrer, pour reprendre parmi nous une nouvelle naissance. »

Comme on le voit, le curé d'Ars avait une dévotion toute particulière pour sainte Philomène, il parlait continuellement de sa *chère petite sainte*, il l'invoquait dans toutes ses peines ou difficultés, il renvoyait prier aux pieds de sa douce image ceux qui avaient de plus grandes grâces à obtenir.

Les âmes qui partagent cette confiance dans la célèbre thaumaturge du XIXᵉ siècle nous sauront donc gré d'intercaler dans notre récit la neuvaine suivante. Quoiqu'elle ne soit point l'œuvre de J.-B. Vianney, comme elle se trouve dans les recueils consacrés à sainte Philomène, qu'approuvée par l'Eglise, elle est goûtée des fidèles, elle ne peut que les aider à se pénétrer des sentiments du bon prêtre et contribuer à attirer sur elles les grâces qu'il en obtenait lui-même.

NEUVAINE A SAINTE PHILOMÈNE.

PREMIER JOUR.

Considérez que sainte Philomène fut vierge et toujours pure... au milieu du monde... malgré la persécution... jusqu'à la mort... Quel modèle ! Puis-je le contempler sans me sentir humilié !.... Connaissant la cause de ma confusion, quel en serait le remède !....

Pratiques. — 1° Entendez la sainte Messe en son honneur, visitez l'une de ses statues ou images, si vous le pouvez facilement... — 2° Humiliez-vous plusieurs fois de ce qui aurait pu, dans le cours de votre vie, ternir la pureté de votre âme, et vous ravir ainsi le plus précieux des trésors.

SECOND JOUR.

Considérez que sainte Philomène fut constamment pure et innocente, parce qu'elle sut mortifier ses inclinations... conserver, dans l'usage de ses sens, *la modestie de Jésus-Christ*, se tenir éloignée d'un monde pervers et des occasions dangereuses.....

Pratiques. — 1° Comme au premier jour. — 2° Fuyez ce qui vous a nui : pratiquez ce que vous avez négligé et qui vous conservera toujours pur et agréable aux yeux du Seigneur.

TROISIÈME JOUR.

Considérez que sainte Philomène entretint et accrut l'amour qu'elle avait pour une pureté parfaite... par la prière, source abondante de la vie spirituelle.... par les Sacrements, où l'âme se purifie dans le Sang de Jésus-Christ et se nourrit de son Corps sacré, divin germe de la virginité chrétienne.... par le souvenir que ces membres étaient *les membres du corps de Jésus-Christ, et son corps le temple du Saint-Esprit*... N'avez-vous pas les mêmes moyens ?... Quel usage en faites-vous ?

Pratiques. — 1° Comme au premier jour. — 2° Redoublez de ferveur dans toutes vos prières... Dites-vous de temps en temps à vous-même : Mes membres sont ceux de Jésus-Christ..... je suis le temple du Saint-Esprit !

QUATRIÈME JOUR.

Considérez que sainte Philomène fut martyre... qu'elle eut à souffrir... à souffrir beaucoup... à souffrir jusqu'à la mort.... et qu'elle déploya dans ses tourments une invincible patience... souffrez-vous avec cette patience inébranlable ?... Vous avez cependant rarement à souffrir... peu à souffrir... jamais jusqu'à en mourir.... D'où vient tant de faiblesse ?.... Ne voulez-vous pas y apporter remède?.... Quel moyen prendrez-vous pour cela ?

Pratiques. — 1° Comme au premier jour. — 2° Souffrez avec patience le peu de douleurs, de contrariétés, de peines, qu'il plaira au Seigneur de vous ménager en ce jour.

CINQUIÈME JOUR.

Considérez que sainte Philomène souffrait le martyre pour Jésus-Christ... On voulait lui arracher la foi... lui faire violer les vœux de son baptême... l'induire à suivre les exemples des idolâtres et des apostats... Que veulent de vous, en tant d'occasions, le démon, le monde, la chair et votre propre cœur, sinon vous entraîner dans des fautes semblables ?... De vaines craintes ne vous font-elles point alors manquer à vos devoirs et trahir vos serments ?... O Dieu, quelle honteuse lâcheté ! Reprenez enfin courage, etc.....

Pratiques. — 1° Comme au premier jour. — 2° Remportez quelque victoire sur le respect humain... Dites-vous de temps en temps : *Il vaut mieux obéir à Dieu qu'aux hommes.*

SIXIÈME JOUR.

Considérez que sainte Philomène, en mourant pour Jésus-Christ, eut à mettre en pratique cette parole du Sauveur : *Celui qui ne hait point sa vie même pour l'amour de moi, ne peut être mon disciple.....* Elle n'hésita point... Elle sacrifia tout, quoi que pût lui crier le sang et la nature... Dans des occasions moins difficiles, nous montrons-nous dignes de Jésus-Christ?.... Si jamais il y a concurrence entre Dieu et l'homme, entre la grâce et la nature, entre l'amour de Dieu et les affections humaines, à qui donnerons-nous la préférence? Oh! ne dégénérons plus de notre dignité d'enfants de Dieu et de disciples de Jésus-Christ!

Pratiques. — 1º Comme au premier jour. — 2º Efforcez-vous aujourd'hui de ne plaire qu'à Dieu, ou aux créatures uniquement pour Dieu. Loin de vous toute affection désordonnée!

SEPTIÈME JOUR.

Considérez que sainte Philomène, en mourant pour Jésus-Christ........ eut à essuyer les railleries, les sarcasmes, les outrages, etc., de ses persécuteurs, de ses bourreaux.... Elle n'en fut pas moins généreuse.... moins constante.... moins joyeuse dans la confession publique de sa foi.... Si le monde vous donne à boire dans cette même coupe, vous sentez-vous assez de courage pour en dévorer l'amertume avec de semblables sentiments?... Eh! qu'importent ces dédains, ces persécutions, même les plus injustes et les plus sanglantes?...... Celui que Dieu estime peut-il jamais être ou se croire déshonoré?...... *Ne craignez pas...,.* Poursuivez votre route... c'est à la gloire éternelle qu'elle vient aboutir.

Pratiques. — 1° Comme au premier jour. — 2° Ne laissez pas votre cœur s'altérer, si l'on vous dit aujourd'hui quelque parole brusque, grossière, piquante, offensante, etc.

HUITIÈME JOUR.

Considérez que sainte Philomène, en mourant pour Jésus-Christ à toutes les choses d'ici-bas, entra dans la joie de la vie éternelle. Oui, *je suis certaine*, dit-elle en son cœur, que le *souverain Juge me rendra*, pour les biens périssables que je sacrifie à son amour, *la couronne de justice qu'il m'a promise*... Elle meurt, cette digne épouse de Jésus-Christ, et aussitôt elle brille dans *le tabernacle de Dieu avec les hommes, à la suite de l'Agneau*. Sont-ce là les pensées que j'aime à me retracer, quand il s'agit de faire quelque sacrifice ?..... Quelle impression font-elles sur mon cœur ?.... De quel côté font-elles pencher la balance ?.... Ah! disaient les Saints, *pour avoir tout, perdons tout*. Que dirai-je?

Pratiques. — 1° Comme au premier jour. — 2° Imposez-vous aujourd'hui quelque sacrifice volontaire.... Faites promptement et de bon cœur ceux qui sont attachés à vos devoirs, etc.

NEUVIÈME JOUR.

Considérez que sainte Philomène, après

avoir ici-bas tout sacrifié pour Jésus-Christ, reçoit de lui, même en ce monde, au-delà du centuple de ce qu'elle avait donné... Quelle réputation, quelle puissance, quelle gloire !.... Que de grandeurs humiliées à ses pieds ! Quel nombreux concours de pèlerins à ses divers sanctuaires !.... Que de fêtes en son honneur !.... Quels tributs de vénération rendus à ses statues, etc !.... Quel zèle empressé à obtenir de ses reliques, etc.! C'est ainsi que Dieu accomplit ses promesses... Oh! si nous accomplissions avec une égale fidélité celles que nous lui avons faites !..... Mais, en le privant de sa gloire, de combien de mérites et de faveurs ne nous privons-nous pas nous-mêmes, soit pour ce monde, soit pour l'autre ?..... Courage donc !....... Soyons fidèles, pour que Dieu le soit à notre égard.

Pratiques. — 1° Comme au premier jour. — 2° Faites aujourd'hui quelque œuvre de miséricorde en l'honneur de la Sainte...... Disposez-vous par une bonne confession à recevoir dignement Notre-Seigneur Jésus-Christ.

PRIÈRE A SAINTE PHILOMÈNE

POUR CHAQUE JOUR DE LA NEUVAINE.

Généreuse Vierge et Martyre, tant aimée de

Dieu, sainte Philomène, je me réjouis avec vous de la puissance que Dieu vous a donnée, pour la gloire de son nom, pour l'édification de son Église, et pour honorer les mérites de votre vie et de votre mort... J'aime à vous voir si grande, si pure, si généreuse, si fidèle à Jésus-Christ et à son Évangile, si magnifiquement récompensée et dans les cieux et sur la terre... Attiré par vos exemples à la pratique des solides vertus, plein d'espoir à la vue des récompenses accordées à vos mérites, je me propose de vous suivre dans la fuite de tout mal, et dans l'accomplissement entier de ce que Dieu me commande.... Aidez-moi, ô grande Sainte! par votre puissante intercession. Obtenez-moi surtout une pureté à jamais inviolable... une force d'âme invincible à toute sorte d'assauts....... une générosité qui ne se refuse pour Dieu à aucun sacrifice..... et un amour aussi fort que la mort pour la foi de Jésus-Christ, pour la sainte Église Romaine, et pour le Souverain Pontife, Père commun de tous les Fidèles, Pasteur des Pasteurs et des ouailles, Vicaire de Jésus-Christ dans tout l'univers.

A ces faveurs que je vous demande, ô sainte Philomène! de toute la ferveur de mon âme, j'ajoute de nouvelles grâces, que j'ai aussi entière confiance d'obtenir par votre puissante médiation....... (Exposez ces grâces à la Sainte avec simplicité, confiance et humilité.) Non, ce Dieu si bon, pour lequel vous avez donné votre sang, votre vie ; ce Dieu si bon, qui est si prodigue envers vous et par vous de ses dons, de ses faveurs ; ce Dieu si bon, qui m'a aimé jusqu'à mourir pour moi, jusqu'à vouloir se donner à moi sous les espèces eucharistiques ; non, il ne se refusera point à nos prières, à nos vœux, au besoin qu'il éprouve, en quelque sorte lui-même, de nous faire du bien. Je l'espère, je mets toute ma confiance en lui et en vous....... Ainsi soit-il.

LITANIES DE SAINTE PHILOMÈNE.

Seigneur, ayez pitié de nous.
Jésus-Christ, ayez pitié de nous.
Seigneur, ayez pitié de nous.
Jésus-Christ, écoutez-nous.
Jésus-Christ, exaucez-nous.
Père céleste, qui êtes Dieu, ayez pitié de nous.
Fils, Rédempteur du monde, qui êtes Dieu, ayez pitié de nous.
Saint-Esprit, qui êtes Dieu, ayez pitié.
Sainte Trinité, qui êtes un seul Dieu, ayez pitié de nous.
Sainte Marie, reine des Vierges, priez.
Sainte Philomène, qui, jeune encore, fûtes agréable à Dieu, priez pour nous.

Sainte Philomène, qui vouâtes votre virginité à Jésus-Christ, priez pour nous.

Sainte Philomène, dont le cœur fut constamment en garde contre la vanité, priez.

Sainte Philomène, qui ne désirâtes de plaire qu'à Jésus-Christ, priez pour nous.

Sainte Philomène, qui vainquîtes le péché et le monde, priez pour nous.

Sainte Philomène, qui fîtes généreusement à Dieu le sacrifice de vos affections les plus chères, priez pour nous.

Sainte Philomène, inébranlable à la vue des tourments, priez pour nous.

Sainte Philomène, pleine de confiance en la grâce de Dieu, priez pour nous.

Sainte Philomène, qui livrâtes généreusement votre tête au fer des bourreaux, priez.

Sainte Philomène, puissante dans le ciel, priez pour nous.

Du malheur de perdre la foi, préservez-nous, sainte Philomène.

De la lâcheté dans le service de Dieu, préservez-nous, sainte Philomène.

D'une volonté faible dans le bien, préservez-nous, sainte Philomène.

De l'amour du monde et de la vanité, préservez-nous, sainte Philomène.

Du démon de l'orgueil, préservez-nous.

Du démon de l'impureté, préservez-nous.

De l'amour désordonné de nous-mêmes, préservez-nous, sainte Philomène.

Du respect humain, préservez-nous.

Du danger des mauvais exemples, préservez-nous, sainte Philomène.

Du malheur de préférer le service du monde au service de Dieu, préservez-nous.

Agneau de Dieu qui effacez les péchés du monde, pardonnez-nous, Seigneur.

Agneau de Dieu qui effacez les péchés du monde, exaucez-nous, Seigneur.

Agneau de Dieu qui effacez les péchés du monde, ayez pitié de nous, Seigneur.

℣. Priez pour nous, sainte Philomène. ℟. Afin que nous soyons faits dignes des promesses de Jésus-Christ.

ORAISON. O glorieuse Vierge, ô invincible Martyre ! sainte Philomène, vous qui, pour l'amour de Jésus, votre époux, avez enduré tant de tourments, donné votre sang et votre vie en confirmation de cette religion que j'ai moi-même le bonheur de professer, obtenez-moi une foi vive, une espérance ferme, une ardente charité et la grâce de…. *(chacun la spécifie)*, afin que, servant fidèlement Notre-Seigneur J.-C. pendant la vie, j'aie le bonheur de le voir après la mort. Ainsi soit-il.

SALUTATION A SAINTE PHILOMÈNE.

Je vous salue, sainte Philomène, chaste épouse de Notre-Seigneur Jésus-Christ, fidèle imitatrice de Marie, lys de pureté, refuge de ceux qui vous invoquent.

Sainte Philomène, priez pour nous, maintenant et à l'heure de notre mort. Ainsi soit-il.

M. Vianney, après sa guérison, songea de nouveau à se retirer dans un monastère et à quitter sa paroisse. « Depuis l'âge de onze ans, disait-il, je demande à Dieu de vivre dans la solitude : mes vœux n'ont jamais été exaucés. » Il regrettait l'obscurité où s'écoula son enfance : « Que j'étais heureux quand je n'avais qu'à conduire mon âne et mes trois brebis! je n'avais pas la tête rompue comme à présent. Je n'ai jamais prié Dieu tant à mon aise. C'était l'eau du ruisseau qui suit sa pente. » La persuasion où il était que nul bien ne pouvait s'opérer par son entremise, lui inspirait cet amour pour la solitude et troublait sa conscience : « Je ne découvre en moi, quand je me considère, que mes pauvres péchés. Encore le bon Dieu permet-il que je ne les voie pas tous, et que je ne me connaisse pas tout entier. Cette vue me ferait tomber dans le désespoir. Je n'ai d'autre ressource contre cette tentation du désespoir, que de me jeter au pied du tabernacle comme un petit chien aux pieds de son maître... Je sèche d'ennui sur cette pauvre terre, mon âme est triste jusqu'à la mort. Je n'ai pas le temps de prier le bon Dieu, je ne puis plus y tenir... La confession, les sacrements! quelle charge! oh! si on savait ce que c'est que d'être prêtre, on s'enfuirait, comme les saints, dans le désert pour ne pas l'être. Pour dire la messe, il faudrait être un séraphin. Si on savait ce que c'est que la messe on mourrait. Que le temps me dure avec les pécheurs! On offense tant le bon Dieu, qu'on serait tenté de demander la fin du monde. S'il n'y avait pas, par là, quelques belles âmes pour reposer le cœur et consoler les yeux de tant de mal qu'on voit et qu'on entend, on ne pourrait pas se souffrir en cette vie. »

Plusieurs fois, le curé d'Ars essaya de prendre la fuite et de se retirer dans quelque solitude, mais l'amour de ses paroissiens, les ordres de son évêque, les instances de ses confrères parvinrent à le ramener à Ars, où son influence pour le bien devenait immense !

V

LES PÈLERINS A ARS.

La sainteté du curé d'Ars fut bientôt connue dans tout le diocèse de Belley et dans les départements voisins. On accourut de toutes parts pour contempler ce prêtre si bon, si indulgent envers les pécheurs ; on fut surpris de sa profonde sagesse et du don merveilleux qu'il possédait pour ramener les âmes à Dieu. La curiosité des uns, la dévotion des autres donnèrent naissance au pèlerinage d'Ars, où l'on compta, chaque année, vingt mille étrangers venus de toutes les régions.

L'aspect du pèlerinage est très bien rendu

dans cette lettre d'un docte et pieux visiteur :
« Au mois de mars, je suivais la route qui
part de Villefranche : elle était remplie de pèlerins. Ars est inconnu des voyageurs ; mais
les pèlerins connaissent bien son église, et ils
connaissent bien son curé. — Les uns se dirigeaient sur Ars, les autres en revenaient. Je
n'oublierai jamais toutes ces figures recueillies
et joyeuses. Les premiers semblaient voir et
entendre déjà le curé d'Ars ; les seconds semblaient le voir et l'entendre encore. Je n'oublierai pas davantage l'aspect simple et so-
lennel que présentait l'entrée du village. Des
pèlerins, qui ne pouvaient pénétrer dans l'é-
glise, se tenaient en grand nombre debout à
la porte, dans le cimetière, dans les ruelles
voisines, attendant leur tour. Le portrait du
curé d'Ars, ici faisant le catéchisme aux enfants, là visitant les malades, rayonnait de
toute part à la devanture des boutiques, au
milieu de chapelets, de médailles, de cierges.
Les pèlerins qui ne pouvaient pénétrer dans
l'église achetaient des médailles, des chape-

lets, pour les lui faire bénir, ou des cierges destinés à brûler devant l'autel de sainte Philomène. Plusieurs, pour se consoler de leur attente, s'arrêtaient à contempler les traits du saint prêtre et s'entretenaient de lui sans l'avoir encore vu, comme des enfants s'entretiendraient de leur père.

» Il était quatre heures du soir quand j'entrai dans l'église. Le curé d'Ars était au confessionnal. J'étais à peine agenouillé, lorsque j'entendis un sanglot que je ne puis rendre; il partit du confessionnal. Était-ce un cri de souffrance? était-ce un cri d'amour? De dix minutes en dix minutes, le même sanglot se répéta. La fatigue arrachait ce cri plaintif à la poitrine suffoquée du curé d'Ars; mais le cri de souffrance devenait un cri d'amour, et comme l'effort sensible d'une âme suffoquée par la terre pour s'ouvrir un passage vers le ciel. Le curé d'Ars était là depuis deux heures du matin, confessant tour à tour les hommes, les femmes, les enfants. Depuis deux heures du matin, il n'avait interrompu ses confessions que deux fois : la première, c'était pour dire la sainte messe; la seconde, c'était pour faire une instruction, prendre son seul repas, qui se bornait à une soupe, et se reposer dix minutes, un quart d'heure peut-être, en causant. Il allait, dans quelques moments, donner le salut, faire une seconde instruction, rentrer chez lui pour dire ses prières, et se coucher à onze heures ou minuit, pour se relever à une heure du matin. Telle était sa vie de tous les jours et de toutes les nuits.

» Vers cinq heures, la foule s'ébranla. Je vis sortir du confessionnal un vieillard vêtu d'une soutane déchirée et d'un surplis grossier. Il était d'une extrême maigreur; sa figure avait exactement la forme d'un cœur, étroite et effilée, depuis les joues jusqu'au menton, et s'épanouissant dans un front très vaste tout illuminé par deux grands yeux qui resplendissaient comme deux diamants ; ses cheveux blancs ressemblaient à un diadème de lin. La foule, qui a l'habitude de s'écarter, au contraire se resserrait contre lui pour toucher son surplis, sa soutane, ses cheveux, ses mains décharnées. Souvent il chancelait sous la pression de la foule, et je craignis un moment de le voir tomber. Il se laissait faire, doucement, simplement, humblement, se frayant un chemin sans écarter personne. Il dit quelques mots sur la dignité du chrétien, sur l'immense privilége qui fait du chrétien le fils de la lumière, et lui fait voir, par la foi, les choses invisibles. Le soir, je m'entretins avec M. Vianney. Je retrouve dans mes notes des souvenirs que je ne puis livrer. Mais ce que je puis dire, c'est l'éclat surnaturel qui s'échappait de cette âme, de cette figure, de ce regard : je le vois encore, appuyé sur la table de la sacristie, et je suis encore frappé de la ressemblance terrible qu'il offrait avec une image de Notre-Seigneur flagellé, suspendue au mur. Le Rédempteur apparaissait dans cette image, la chair du dos absolument déchirée comme un voile, les os visibles, le regard tourné de côté, du côté du spectateur.

somme pour lui rappeler la parole du prophète, accomplie à la lettre : *Ils ont compté
tous mes os.*

» A force d'imiter son Maître, le curé d'Ars
lui ressemblait. La souffrance et la joie s'em-
brassaient en lui. Son front et ses joues, sil-
lonnés de rides, s'obscurcissaient et s'incli-
naient parfois, comme sous le poids des douleurs invisibles. Tout-à-coup son front se re-
levait, son visage s'illuminait, ses rides se
changeaient en rayons, sa chair transfigurée
devenait transparente comme la chair d'un
enfant, ses yeux s'enflammaient d'une flamme
supérieure, qui semblait n'attendre que le
moment de monter au ciel. Ces alternatives
se succédaient en lui, sans rien lui ravir de
son angélique sérénité. Le voilà tel que je l'ai
vu, soit en public soit en particulier, repro-
duisant du Verbe incarné les tortures et la
gloire, recevant et portant tour à tour, comme
dans un miroir ardent, les ténèbres du Cal-
vaire et les splendeurs du Thabor. Je ne crois
pas l'avoir une seule fois entendu prononcer

le nom de Dieu sans être interrompu par ses larmes.

» Nous allons l'entendre parler, disait-on autour de moi ; nous allons l'entendre parler de Dieu, car il ne parle que de Dieu, et nous allons le voir pleurer, car il pleure toujours quand il parle de Dieu. Je l'ai entendu plusieurs fois faire son catéchisme. Il montait sur une petite estrade, entourée d'une barrière de bois, faisait asseoir les pèlerins le plus près de lui possible, afin de ne perdre aucune place, et, après avoir regardé l'autel, il commençait avec effort. Sa voix était très faible, et je ne sais comment on pouvait l'entendre. Tout-à-coup, elle s'altérait ; il ne pouvait achever les paroles commencées. Plusieurs fois il reprenait les mots de *Dieu*, de *bonheur éternel*, de *ciel*. Il lui fallait des efforts répétés pour les achever par la parole. Mais ses larmes, larmes éloquentes et intelligibles, suppléaient la voix... Souvent, il s'interrompait tout-à-coup, détournait la tête, joignait les mains, regardait fixement du côté de l'autel, puis reprenait son discours, plus ardent, plus rayonnant, comme s'il eût contemplé dans l'hostie même ce qu'il allait dire. »

Voici deux des homélies ou leçons de catéchisme recueillies par de pieux auditeurs dans ces circonstances.

LE SALUT.

« Il y a beaucoup de chrétiens qui ne savent pas seulement pourquoi ils sont au monde... « Pourquoi, ô mon Dieu, m'avez-vous mis au monde? — Pour te sauver. — Et pourquoi voulez-vous me sauver? — Parce que je t'aime. »

» Le bon Dieu nous a créés et mis au monde parce qu'il nous aime, il veut nous sauver parce qu'il nous aime... Pour se sauver, il faut connaître, aimer et servir Dieu. O belle vie!... Qu'il est beau, qu'il est grand de connaître, d'aimer et de servir Dieu! Nous n'avons que cela à faire en ce monde. Tout ce que nous faisons hors cela, c'est du temps perdu. Il faut n'agir que pour Dieu, mettre nos œuvres dans ses mains... Il faut dire en s'éveillant : « Je veux travailler aujourd'hui pour vous, ô mon Dieu! Je me soumettrai à tout ce que vous m'enverrez comme venant de vous. Je m'offre en sacrifice. Mais, mon

Dieu, je ne puis rien sans vous. Aidez-moi ! »

» Oh ! qu'au moment de la mort on regrettera le temps qu'on aura donné aux plaisirs, aux conversations inutiles, au repos. au lieu de l'avoir employé à la mortification, à la prière, aux bonnes œuvres, à penser à sa pauvre misère, à pleurer ses pauvres péchés. C'est alors que l'on voit qu'on n'a rien fait pour le ciel.

» O mes enfants, que c'est triste ! Les trois quarts des chrétiens ne travaillent qu'à satisfaire ce cadavre qui va bientôt pourrir dans la terre, tandis qu'ils ne pensent pas à leur pauvre âme, qui doit être éternellement heureuse ou malheureuse. Ils manquent d'esprit et de bon sens : ça fait trembler !

» Voilà donc cet homme qui se tourmente, qui s'agite, qui fait du bruit, qui veut dominer sur tout, qui se croit quelque chose, qui semble vouloir dire au soleil : «Ote-toi de là : laisse-moi éclairer le monde à ta place !... » Un jour, cet homme orgueilleux sera réduit tout au plus à une petite pincée de cendre qui sera traînée de rivière en rivière, de *Saône* en *Saône*, jusque dans la mer.

» Voyez, mes enfants, je pense souvent que nous ressemblons à ces petits tas de sable que le vent ramasse sur le chemin, qui tournent un petit moment, et se défont tout de suite après...

» Nous avons des frères et des sœurs qui sont morts. Eh bien ! ils sont réduits à cette petite poignée de cendre dont je vous parle.

» Les gens du monde disent que c'est trop difficile de faire son salut. Il n'y a cependant rien de plus facile : observer les commandements de Dieu et de l'Église et éviter les sept péchés capitaux ; ou bien, si vous voulez, faire le bien et éviter le mal ; il n'y a que cela !

» Les bons chrétiens qui travaillent à sauver leur âme et à faire leur salut sont toujours heureux et contents ; ils jouissent, par avance, du bonheur du ciel ; ils seront heureux pendant toute l'éternité. Tandis que les mauvais chrétiens qui se damnent sont toujours à plaindre ; ils murmurent, ils sont tristes, ils sont malheureux *comme les pierres*, et ils le seront pendant toute l'éternité. Voyez, quelle différence !

» Voici une bonne règle de conduite : Ne faire que ce qu'on peut offrir au bon Dieu. Or, on ne peut pas lui offrir des médisances, des calomnies, des injustices, des colères, des blasphèmes, des impuretés, des spectacles, des danses : on ne fait pourtant que ça dans le monde. En parlant des danses, saint François de Sales disait « qu'elles étaient comme les champignons, que les meilleures ne valaient rien... » Les mères disent bien : « Oh ! je veille sur mes filles. » Elles veillent sur leur toilette, mais elles ne peuvent pas veiller sur leur cœur. Ceux qui font danser dans leur maison se chargent d'une responsabilité terrible devant Dieu ; ils sont responsables de tout le mal qui se fait, des mauvaises pensées, des médisances, des jalousies, des haines, des vengeances... Ah! s'ils comprenaient bien cette responsabilité, ils ne feraient jamais danser. Tout comme ceux qui font de mauvais écrits, de mauvais tableaux et de mauvaises statues; ils sont responsables de tout le mal que ces objets produiront pendant le temps qu'ils dureront... Oh! ça fait trembler.

» Voyez, mes enfants, il faut réfléchir que nous avons une âme à sauver et une éternité qui nous attend. Le monde, les richesses, les plaisirs, les honneurs passeront; le ciel et l'enfer ne passeront jamais. Prenons donc garde. Les saints n'ont pas tous bien commencé, mais ils ont tous bien fini. Nous avons mal commencé, finissons bien, et nous irons les rejoindre un jour dans le ciel. »

TERRE ET CIEL.

» Le monde passe ; nous passons avec lui. Les rois, les empereurs, tout s'en va. On s'engouffre dans l'éternité, d'où l'on ne revient plus. Il ne s'agit que d'une chose : sauver sa pauvre âme.

» Les saints n'étaient pas attachés aux biens de la terre; ils ne songeaient qu'à ceux

du ciel. Les gens du monde, au contraire, ne
songent qu'au temps présent.

» Un bon chrétien fait comme ceux qui vont
dans les pays étrangers amasser de l'or : ils
ne pensent point à y demeurer, et n'ont rien
plus à cœur que de revoir leur patrie, une
fois leur fortune faite. Il faut encore faire
comme les rois. Quand ils vont être détrônés,
ils envoient leurs trésors en avant; ces trésors les attendent. De même un bon chrétien envoie toutes ses bonnes œuvres à la
porte du ciel.

» Le bon Dieu nous a mis sur la terre pour
voir comment nous nous y conduirons, et si
nous l'aimerons; mais personne n'y reste. Un
homme qui avait été condamné à cent ans de
galères, en est revenu, dit-on. A son retour
tout le monde avait disparu, il ne reconnaissait plus que les maisons...

» Si nous y réfléchissions, nous élèverions
sans cesse nos regards vers le ciel, notre véritable patrie. Mais nous nous laissons emporter de çà et de là par le monde, les richesses, les jouissances de la matiere, et nous ne
songeons pas à l'unique chose qui devrait
nous occuper.

» Voyez les saints : comme ils étaient déta-
chés du monde et de la matière! comme ils
regardaient tout cela avec mépris! Un religieux ayant perdu ses parents, se trouvait
maître de grands biens. Lorsqu'on lui en apprit la nouvelle :« Combien y a-t-il de temps,

dit-il, que mes parents sont morts? — Trois semaines, lui répondit-on. — Dites-moi si une personne qui est morte peut hériter. — Non, assurément. — Eh bien! je ne puis hériter de ceux qui sont morts il y a trois semaines, moi qui suis mort depuis vingt ans. » Ah! les saints comprenaient le néant, la vanité de ce monde et le bonheur de tout quitter pour cette belle espérance du ciel.

» Il y a deux sortes d'avares : l'avare du ciel et l'avare de la terre. L'avare de la terre ne porte pas sa pensée plus loin que le temps; il n'a jamais assez de richesses; il amasse..... amasse toujours. Mais quand le moment de la mort viendra, il n'aura rien. Je vous l'ai souvent dit : c'est tout comme ceux qui font de trop grosses provisions pour l'hiver; quand la récolte suivante arrive, ils ne savent plus qu'en faire, ça ne sert qu'à les embarrasser. De même, quand la mort vient, les biens ne servent qu'à embarrasser. Nous n'emportons rien, nous laissons tout.

» Que diriez-vous d'une personne qui entasserait dans la maison des provisions qu'elle serait obligée de jeter, parce qu'elles pourriraient, et qui laisserait des pierres précieuses, de l'or, des diamants qu'elle pourrait conserver, emporter avec elle partout où elle irait, et qui feraient sa fortune?... Eh bien! mes enfants, nous faisons pourtant ainsi : nous nous attachons à la matière, à ce qui doit finir, et nous ne pensons pas à acquérir le ciel, le seul véritable trésor.

» Un bon chrétien, un avare du ciel, fait fort peu de cas des biens de la terre ; il ne pense qu'à embellir son âme, qu'à ramasser ce qui doit le contenter toujours, ce qui doit toujours durer. Voyez les rois, les empereurs, les grands de la terre : ils sont bien riches ; sont-ils contents ? S'ils aiment le bon Dieu, oui ; mais autrement non, ils ne sont pas contents. Moi je trouve qu'il n'y a rien de si à plaindre que les riches quand ils n'aiment pas le bon Dieu.

» Les saints n'étaient pas attachés aux biens comme nous ; ils étaient attachés à ce qui doit les contenter pendant toute l'éternité.

» Allez de monde en monde, de royaume en royaume, de richesse en richesse, de plaisir en plaisir, vous ne trouverez pas votre bonheur. *La terre entière ne peut pas plus contenter une âme immortelle qu'une pincée de farine dans la bouche d'un affamé ne peut le rassasier.* »

» Lorsque les apôtres eurent vu Notre-Seigneur monter au ciel, ils trouvaient sans lui la terre si triste, si vile, si méprisable, qu'ils couraient après les supplices qui devaient les en arracher plus tôt, pour les réunir à leur bon Maître. La mère des Machabées qui vit mourir ses sept enfants, et qui mourut sept

fois, leur disait pour les encourager : « Re-
gardez le ciel... »

» Notre-Seigneur récompensait la foi des
saints en leur montrant sensiblement le ciel.
Il y en avait qui se promenaient en paradis.
Saint Étienne, pendant qu'on le lapidait,
voyait le ciel ouvert sur sa tête. Saint Paul y
fut ravi et déclara ne pouvoir donner une
idée de ce qu'il y avait vu. Sainte Thérèse vit
le ciel, et comme elle le dit, tout sur la terre
ne lui sembla plus que de l'ordure.

» Mais nous, hélas ! nous ne sommes que
matière. Nous rampons sur la terre et nous
ne savons pas nous élever en haut. Nous
sommes trop lourds, trop pesants.

» *La terre est un pont pour passer l'eau.*

» Un mauvais chrétien ne peut pas comprendre cette belle espérance du ciel, qui con-
sole, qui anime un bon chrétien. Tout ce qui
fait le bonheur des saints lui paraît dur, in-
commode.

» Voyez, mes enfants, ces pensées conso-
lantes : avec qui serons-nous dans le ciel ?
Avec Dieu qui est notre père, avec Jésus-
Christ qui est notre frère, avec la sainte Vierge
qui est notre mère, avec les anges et les
saints qui sont nos amis.

» Un roi disait avec regret à ses derniers
moments : « Il faut donc que je quitte mon
royaume pour aller dans un pays où je ne
connais personne ! » C'est qu'il n'avait jamais
pensé au bonheur du ciel. Il faut dès à pré-

ent s'y faire des amis, afin de les retrouver après la mort, et nous n'aurons pas peur, comme ce roi, de ne connaître personne. »

Chaque jour, une quinzaine de voitures publiques, littéralement encombrées, se dirigeaient vers Ars ; les bateaux à vapeur de la Saône, le chemin de fer de Villefranche amenaient des foules de pèlerins. L'administration fut obligée de réparer les chemins et d'ouvrir de nouvelles routes. Les pieux voyageurs récitaient le chapelet, s'entretenaient du saint personnage qu'ils allaient visiter ; et jamais on n'entendait parmi eux ni plaisanteries ni futiles conversations. Le seul nom d'Ars semblait produire un changement complet chez tous ces personnages si divers d'origine et de langage. Ils savaient qu'à Ars ils trouveraient à peine une nourriture passable et un gîte pour passer la nuit, mais rien ne les arrêtait. Chez le curé d'Ars, au dire d'un pèlerin, « il y avait un je ne sais quoi qui captivait et absorbait, au point qu'on oubliait près de lui les choses les plus nécessaires à la vie. Mal logé, mal nourri, levé avant le jour, pressé, coudoyé, repoussé, on bravait le froid, la faim, la soif, la fatigue, l'insomnie, tout enfin, pour entendre quelques paroles du bon saint. On n'en ferait pas autant pour un roi! » La réputation du curé d'Ars attirait sans doute les étrangers ; pourtant, faut-il reconnaître avec une personne d'Ars, « que ce qui a le plus augmenté l'affluence, c'est M. le curé par ses prières pour la conversion des pécheurs. La grâce qu'il obtenait était si forte qu'elle allait les chercher, sans leur laisser un moment de repos. » Les prières et les souffrances du curé d'Ars furent donc la première cause du pèlerinage, où s'accomplirent des milliers de conversions remarquables. Nous en citerons quelques-unes.

Après avoir quitté la religion catholique pour embrasser tour à tour la secte de Mahomet, le judaïsme, le protestantisme et le socialisme, M. Maissiat se convertit, à Ars, dans les circonstances qu'il a racontées lui-même, et il conclut en ces termes : « Alors mon trouble disparut un peu, et sans penser que je faisais une confession, je me mis à raconter à ce saint homme l'histoire de ma vie, depuis ma première communion. Pendant ce temps-là il m'arrosait de ses larmes, et par moments il s'écriait : « Que le bon Dieu est bon ! Comme il vous a aimé ! » Et moi, je ne pleurais pas ; mais mon énorme fardeau disparaissait ; je finis par en être entièrement soulagé. « Mon ami, ajouta le curé d'Ars, vous reviendrez demain. Allez devant l'autel de sainte Philomène ; vous lui direz de demander à Dieu votre conversion. » Je n'avais pas pleuré à la sacristie ; mais j'avoue que je pleurai beaucoup aux pieds de sainte Philomène. Oh ! qu'il y a de volupté dans les larmes. » M. Maissiat se montra parfait chrétien, et mourut deux ans après en odeur de sainteté.

Un jeune homme, aujourd'hui religieux, avait donné dans tous les excès de l'impiété ; sa mère, nouvelle Monique, le conduisit à Ars : « L'heure du catéchisme arriva, dit-il, j'y assistai. Je fus frappé de l'extrême mai-

greur de M. Vianney, et, pendant que je l
fixais, nos yeux se rencontrèrent. Son regar
fut si vif et si pénétrant qu'il me fit frisson
ner. Il me sembla qu'il avait lu dans le plu
intime de mon âme, et je n'étais pas loin d'a
jouter foi à ce que j'avais entendu dire, que l
saint prêtre voyait ce qui se passait dans le
consciences. Immédiatement après dîner, j'eu
hâte de rejoindre mes deux connaissances, e
ce fut, comme à l'ordinaire, un feu roulan
de propos légers et de bons mots sur ce qu'a
vait dit M. le curé. Quand nous étions le plu
en train de rire, il vint à passer tout près d
nous. Nous nous découvrîmes comme tout l
monde à son aspect; il répondit par un salu
gracieux et jeta sur nous un de ces regard
indéfinissables que l'on ne peut analyser
mais que l'on n'oublie jamais.

» Ma mère, qui ne me perdait pas de vue
vint me prier d'entrer à l'église et de tâche
de parler à M. le curé avant de partir. Je n'er
avais nulle envie; cependant je ne sais n
pourquoi ni comment je suivis ma mère à l'é

glise et j'allai jusqu'au chœur me placer derrière une vingtaine de personnes qui attendaient. Je ne songeais pas à me confesser; j'étais depuis quelques minutes à peine dans l'église que je pensais à m'esquiver. Mais quel ne fut pas mon étonnement, lorsque je vis M. le curé sortir de la sacristie et venir droit à moi. Il me fit signe de le suivre; j'obéis sans savoir où j'allais, tellement j'étais troublé. Il ferma la porte sur moi, s'assit à son confessionnal et me fit signe de me mettre à genoux. Mes genoux se ployèrent d'eux-mêmes; ce fut un mouvement machinal; je fis le signe de la croix, et je restai sans mouvement et sans voix. M. le curé m'adressa une courte exhortation; il me pria de considérer une image qui représentait Notre-Seigneur en croix; puis il se mit à verser d'abondantes larmes, qui amollirent mon cœur. Je ne savais où j'étais et je ne comprenais pas ce qui s'accomplissait en moi. Le saint prêtre, voyant que je pleurais, me dit d'aller réciter cinq *Pater* et cinq *Ave* devant l'autel de sainte Philomène. J'y allai :

c'étaient l'heure et le lieu du triomphe de la grâce... Ma retraite finie (elle dura six jours), M. le curé ne me donna pas l'absolution ; il me dit de revenir dans deux mois. Ce temps me parut long ; je ne pouvais supporter l'idée d'être l'ennemi de Dieu. Je revins à Ars, au bout de six semaines ; je fus parfaitement reçu ; le bon père me reconnut aussitôt. Lorsqu'il m'eut absous, je l'interrogeai sur ma vocation. Il ne m'était jamais venu en pensée de me faire religieux ; cependant, je reçus, comme en tombant du ciel, l'idée que M. le curé me donna d'entrer dans une congrégation enseignante. Je ne pensai plus qu'à la suivre. J'eus le bonheur de ne pas résister à la grâce, et voilà seize ans que je jouis du centuple promis par le divin Maître à celui qui quitte tout pour le suivre. »

Les guérisons obtenues à Ars se comptent par centaines et sont attestées par de nombreux témoins, des médecins et des prêtres. On ne pourra jamais connaître exactement le nombre de miracles, de guérisons, de conversions dont Ars a été témoin. Le bon curé disait parfois : « On ne saura jamais, en ce monde, combien de pécheurs ont rencontré leur salut à Ars ! Le bon Dieu, qui n'a besoin de personne, se sert de moi pour ce grand ouvrage, quoique je ne sois qu'un prêtre sans science. S'il avait eu sous la main un autre prêtre qui eût plus de raison que moi de s'humilier, il l'aurait pris, et il aurait fait par lui cent fois plus de bien. » On a raconté l'existence toute entière du curé d'Ars quand on a dit comment il passait sa journée. N'était-ce pas un grand miracle que cette vie continuelle de travaux et de privations ?

VI

DERNIÈRES ANNÉES DE M. VIANNEY.

On se figure peut-être le curé d'Ars comme un homme qui ne donnait pas un regard aux choses de ce monde et n'ouvrait jamais son cœur aux douces affections. Peut-être regarde-t-on sa piété comme austère et maussade. Un extrait de son *Esprit*, charmant volume où sont concentrées les plus belles paroles sorties de sa bouche, nous détrompera : « Cet homme si dur à lui-même, qui portait sur toute sa personne les traces des plus effroyables pénitences, était aimable, il savait sourire, il avait des paroles gracieuses, des à-propos charmants, des reparties fines et spirituelles. La séduction la plus douce reposait sur ses lèvres, en même temps que la vérité et la consolation s'en échappaient. Quand il se trouvait avec des prêtres ou des chrétiens qu'il connaissait et qu'il aimait, il s'ouvrait volontiers. Il apportait dans ce commerce intime une aisance parfaite, une gaieté de bon goût, un tour naïf, une ingénuité pleine de grâce, le don heureux de raconter en souriant, en s'attendrissant, ces vives saillies, ces mots bienvenus, qui vont au cœur de tous et qui font le charme de la conversation du monde, avec la raillerie de moins, et, de plus, la tendre effusion de la charité.

» A monseigneur de Langalerie, qui, dans une de ses fréquentes visites, lui dit avec cette bonne grâce qui relève les plus petites choses : « Mon bon curé, vous me permettrez bien de célébrer la sainte messe dans votre église ? » il répondit aimablement : « Monseigneur, je regrette que ce ne soit pas Noël pour que vous puissiez en dire trois. » Lorsque le P. Hermann parut à Ars pour la première fois, on voulait le faire prêcher. Le bon curé lui offrit de catéchiser la foule à sa place. Le R. Père se garda bien d'accepter; il consentit seulement, c'était déjà beaucoup pour son humilité, à dire quelques mots après que le serviteur de Dieu aurait parlé. M. Vianney fit son instruction comme à l'ordinaire et la termina ainsi : « Mes enfants, il y avait une fois un bon saint qui aurait bien voulu entendre chanter la sainte Vierge. Notre-Seigneur, qui prend plaisir à faire la volonté de ceux qui l'aiment, daigna lui accorder cette faveur. Il vit alors une belle dame qui se mit à chanter devant lui. Il n'avait jamais entendu une si douce voix. Il était dans le ravissement, et il s'écria : C'est assez ! c'est assez ! Si vous continuez, je vais mourir ! La belle dame lui dit : « Ne te presse pas d'admirer mon chant, car ce que tu as entendu n'est rien auprès de ce qui te reste à entendre. Je ne suis que la vierge Catherine, et tu vas entendre la Mère de Dieu. » En effet, la sainte Vierge chanta à son tour. Et ce chant était si beau, si beau, que le saint s'évanouit et tomba mort de plaisir... noyé dans le baume de l'amour ! Eh bien ! mes enfants, ce sera la même chose aujourd'hui... Vous venez d'entendre sainte Catherine ; vous allez entendre la sainte Vierge.

» M. Vianney voulut faire la dépense des croix que les missionnaires reçoivent le jour où ils prononcent leurs vœux : « Laissez-moi faire, dit-il, j'ai tant de croix, que j'en peux faire part à mes amis. » On lui rappelait le mot d'un Parisien : « Sœur Rosalie était ma mère, et le curé d'Ars est mon père. — Hélas ! pauvre orphelin, dit-il en soupirant, jamais le père ne remplacera la mère. » Une charmante enfant lui présentait un bouquet le jour de sa fête : « Ma petite, lui dit-il en souriant gracieusement, votre bouquet est bien beau, mais votre âme est encore plus belle. » « A propos de ce camail, qui a été une touchante inspiration du cœur de l'évêque, mais une rude humiliation pour le bon curé, quelqu'un crut devoir, en donnant à sa pensée un tour flatteur, lui faire observer qu'il était

resté jusque-là le seul chanoine créé par monseigneur Chalandon. M. Vianney vit le piége,
et repartit aussitôt : « Je le vois bien, Monseigneur a eu la main trop malheureuse. Il a
vu qu'il s'était trompé; il n'ose plus recom-
mencer. » Une autre fois, on faisait allusion
à ses différentes dignités. « Oui, répondit-il,
je suis chanoine honoraire par la trop grande
bonté de Monseigneur, chevalier de la Légion-
d'Honneur par une méprise du gouvernement,
et... berger d'un âne et de trois brebis par la
volonté de mon père. » Une religieuse lui disait avec bonhomie : « On croit généralement,
mon père, que vous êtes un ignorant. — On
ne se trompe pas, ma fille; mais c'est égal, je
vous en dirai encore plus que vous n'en ferez. » Au retour d'une course en voiture, le
frère Athanase, directeur de l'école d'Ars, racontait que son cheval avait fait un écart et
l'avait jeté dans le fossé. Le bon curé lui fit
ses compliments de condoléance, puis il ajouta :
« Mon ami, saint Antoine n'est jamais tombé
de voiture : il fallait faire comme lui. —

Monsieur le curé, comment faisait donc saint Antoine? — Il allait toujours à pied. »

« Monsieur le curé, lui disait un personnage dont la face épanouie et la forte santé offraient un singulier contraste avec la pâleur et l'exténuation du saint vieillard, je compte un peu sur vous pour me faire bien venir là-haut. J'espère que vous n'oubliez pas vos amis, et que vous les mettez de moitié dans le mérite de vos jeûnes et de vos pénitences. Quand vous irez au ciel, je tâcherai de m'accrocher à votre soutane. — O mon ami, gardez-vous-en bien, repartit le bon curé. L'entrée du ciel est étroite, et il jetait un petit regard malin sur les larges épaules de son interlocuteur, nous resterions tous deux à la porte. »

L'humilité était encore la vertu par excellence du curé d'Ars; il aima de préférence ceux qui le diffamèrent en lui suscitant des tracasseries. « Voyez, dit-il un jour, le danger qu'il y a de s'arrêter aux sentiments humains. Ce matin, j'aurais perdu la tranquillité de l'âme, si j'avais voulu faire attention aux injures qu'on m'adressait, et ce soir, j'eusse été grandement tenté d'orgueil, si je m'étais fié à tous ces compliments. Oh ! comme il est prudent de ne pas se prendre aux vaines opinions et aux vains discours des hommes, et de n'en faire aucun cas ! J'ai reçu deux lettres par le même courrier : dans l'une on disait que j'étais un grand saint, dans l'autre que j'étais un hypocrite et un charlatan. La première ne m'ajoutait rien, la seconde ne m'ôtait rien : on est ce qu'on est devant Dieu ; et puis pas plus. On dit du mal de vous, on dit ce qui est vrai ; on vous fait des compliments, on se moque de vous.. Lequel vaut le mieux, qu'on vous avertisse, ou qu'on vous trompe? qu'on vous prenne au sérieux, ou qu'on vous raille? »

Il se peignait lui-même quand il parlait de l'homme humble : « L'humilité est comme une balance ; plus on s'abaisse d'un côté, et plus on est élevé de l'autre. Ceux qui nous humilient sont nos amis, et non ceux qui nous louent. On demandait à un saint quelle était la première des vertus : « C'est, répondit-il, l'humilité. — Et la seconde? — L'humilité. — Et la troisième? — L'humilité. » Jamais nous ne comprendrons notre pauvre misère. Ça fait frémir rien que d'y penser. Dieu ne nous en donne qu'un petit aperçu. Si nous nous connaissions à fond comme il nous connaît, nous ne pourrions pas vivre; nous mourrions de frayeur. Les saints se connaissaient mieux que les autres, c'est pourquoi ils étaient humbles. Ils entraient dans de grandes confusions en voyant que Dieu se servait d'eux pour faire des miracles. Saint Martin était un grand saint et se croyait un grand pécheur. Il attribuait à ses péchés tous les maux qui arrivaient de son temps. Hélas! on ne conçoit pas comment et de quoi une si petite créature que nous peut s'enorgueillir. Le diable apparut un jour à saint Macaire, armé d'un fouet comme pour le battre, et il lui dit : « Tout ce que tu fais, je le fais : tu jeûnes, moi je ne mange jamais; tu veilles, moi je ne dors jamais. Il n'y a qu'une chose que tu fais et que je ne puis faire. — Eh ! quoi donc ? — M'*humilier*, répondit le diable ; et il disparut. Il y a des saints qui mettaient le démon en fuite en disant : Que je suis misérable ! »

Les ressources dont il avait sans cesse besoin pour ses bonnes œuvres lui arrivaient parfois d'une façon extraordinaire : « J'ai trouvé deux cents francs dans mon tiroir ; oh ! comme le bon Dieu est bon. Il m'est arrivé aujourd'hui une chose singulière. J'en ai ri tout seul. Je me suis aperçu que ma bourse grossissait, grossissait... j'y ai trouvé une poignée d'écus et un louis double. Au reste, ce n'est pas la première fois que cela m'arrive. Plus on se fait pauvre pour l'amour de Dieu, et plus on est riche en réalité. J'ai trouvé encore de l'argent ; j'ai dit hier à la sainte Vierge : Ma très sainte Mère, si la dévotion à votre Immaculée Conception vous est agréable, procurez-moi de l'argent pour augmenter la fondation que je me propose de faire en l'honneur de votre saint cœur. Et ce matin j'ai réitéré ma prière, mais j'ai ajouté : Il faut que vous me fassiez trouver deux cents francs ce soir. Si cet argent venait plus tard, il ne serait pas pour vous. Et voilà qu'une personne est venue m'offrir trois cents francs. Je lui ai répondu : Oh! non, ce serait trop, mais j'en accepterai volontiers deux cents. » Il *cassait la tête à ses bons saints*, selon son expression, *à ses consuls au ciel*, et obtenait tout par leur entremise.

Dans ses longues heures de souffrances, il priait pour les morts : « Si l'on savait, disait-il, combien nous pouvons obtenir de grâces par le moyen des âmes du purgatoire, elles ne seraient pas tant oubliées! ces saintes âmes sont les épouses de Jésus-Christ, elles sont bien plus agréables à ses yeux que nous, et bien qu'elles ne puissent pas mériter pour elles-mêmes, elles peuvent cependant prier pour leurs bienfaiteurs : leurs prières sont plus puissantes que les nôtres, parce qu'elles sont plus saintes et confirmées en grâces. Elles sont intéressées à prier le bon Dieu pour toutes les personnes qui pensent à elles, et à leur faire sentir les bons effets de leurs prières, afin de les engager de plus en plus à ne pas les oublier. »

M. le curé n'a pas eu de vieillesse; les facultés de l'esprit et du cœur restèrent jeunes chez lui et ne s'affaiblirent point avec l'âge. En 1859, la toux qui le tourmentait depuis ving-cinq ans, redoubla d'intensité, et fit craindre pour la vie de M. Vianney, pour cette vie qui n'était qu'un souffle. Sa mort devait être, comme le reste de ses jours, simple et paisible. Quand on lui reprochait son excès de travail, et lorsqu'on voulait lui procurer quelques relâches, il répondait : « Je me reposerai en paradis! » A la fin de juillet, les chaleurs le fatiguèrent beaucoup, pendant ses longues séances au confessionnal. On l'entendit murmurer ces mots : « Je n'en puis plus, je crois que c'est ma fin. » Déjà il avait dit, en recevant ses honoraires de curé : « Ce sera pour me faire enterrer, » car il connut d'avance l'heure de sa mort, puisqu'il l'avait annoncée depuis un an. Obligé de se mettre au lit, il assura que, cette fois, les prières de sa paroisse et des pèlerins ne le retiendraient pas sur la terre : « Cette fois, sainte Philomène n'y pourra rien. »

Le 4 août, monseigneur de Langalerie accourut près du chevet de son ami, comme il l'a dit dans son *oraison funèbre* : « Providentiellement averti du rapide progrès de la maladie de notre cher et vénéré curé d'Ars, nous nous sommes hâté d'accourir ; nous récitions nos prières pendant le voyage ; c'était l'office de saint Dominique, *un autre bon et fidèle serviteur.* Comme malgré nous, les paroles de la prière nous rappelaient sans cesse le souvenir du saint prêtre que nous venions visiter. Saint Dominique était avec nous de moitié dans nos prières, mais à tout instant nous voyions apparaître aussi, dans notre esprit, le bon est saint curé d'Ars. Courage, serviteur, entrez dans la joie de votre maître, c'est-à-dire vous avez assez fait, assez travaillé ; venez, voici votre récompense et le prix de

vos labeurs. Telle est la pensée qui s'empara
de notre esprit, lorsque, après avoir béni le
saint malade, prié avec lui et pour lui, nous
fûmes comme porté par le flot des fidèles en
larmes jusqu'au pied de l'autel. Là nous as-
sistâmes aux prières publiques ; là nous en-
tendîmes un de ses fils bien-aimés, un de nos
missionnaires qui restait avec lui, demander
un miracle pour le retour de ce père vénéré à
la vie et à la santé ; et, comme malgré nous
nous ne pouvions nous associer à cette prière,
nous nous contentâmes de nous abandonner
et de nous unir à la volonté de Dieu. Eh quoi!
disions-nous, il a tant travaillé! Il dirait sans
doute, comme saint Martin à ses disciples en
pleurs : *Non recuso laborem*, « je ne refuse pas
de travailler encore! » Lui, si bon, en voyant
nos larmes, il eût consenti à vivre ; mais nous,
vraiment, pouvons-nous bien le demander?
Il est fatigué, épuisé ; il semblait ne se soutenir que par un miracle; Dieu ne nous l'a-t-il
pas assez longtemps laissé? Nous avons besoin
de lui, mais lui, il a besoin de repos, il a

droit à la récompense : qu'il entre donc, qu'il entre enfin dans les joies de son Dieu. »

La nuit qui suivit l'arrivée de l'évêque de Belley, M. Vianney expira doucement dans le Seigneur. Ses funérailles furent plus touchantes que celles d'un prince, et monseigneur de Langalerie fut obligé de consoler l'assistance, qui fondait en larmes : « Nous avons perdu, nous avons tous perdu beaucoup; on ne remplace pas le curé d'Ars! Dieu lui-même, dans l'intérêt de sa gloire, ne veut pas multiplier ces prodiges de grâce et de sainteté. La France entière a perdu un prêtre qui faisait son honneur et que l'on venait visiter et consulter de toutes ses provinces... Mais serait-il tellement perdu qu'il ne puisse encore penser à nous, prier pour nous et nous servir? Le ciel est si près de la terre, puisque c'est Dieu qui les unit! Courage! courage! dans le sein de Dieu où il repose, le curé d'Ars n'est pas tout entier perdu pour nous. »

Les pèlerins accourent toujours à Ars; une église magnifique s'élève pour abriter la tombe

du vénéré pasteur, qui opère des prodiges du
haut du ciel. Nous nous sommes agenouillé
avec un profond respect sur la pierre qui cache aux regards avides des visiteurs les reliques du curé d'Ars, et nous avons demandé à
Dieu de bénir ce recit !

LITANIES

ET PRIÈRES DIVERSES.

LITANIES DU SAINT-SACREMENT.

Seigneur, ayez pitié de nous.
Jésus, ayez pitié de nous.
Jésus, écoutez-nous.
Jésus, exaucez-nous.
Père céleste, ayez pitié de nous.
Fils, Rédempteur du monde, ayez pitié de nous.
Saint-Esprit, ayez pitié de nous.
Sainte Trinité, un seul Dieu, ayez pitié.
Pain de vie, ayez pitié de nous.
Dieu caché et Sauveur, ayez pitié de nous.

Pain savoureux et les délices des Rois, ayez.

Nourriture des Anges, ayez pitié de nous.

Pain vivant, qui nous fortifiez, ayez pitié.

Vrai breuvage, qui nous réjouissez, ayez.

Froment des Élus, ayez pitié de nous.

Vin qui produisez les Vierges, ayez pitié.

Manne cachée, ayez pitié de nous.

Abrégé et Mémorial des merveilles de Dieu, ayez pitié de nous.

Pain sur toute substance, ayez pitié de nous.

Verbe incarné pour nous, ayez pitié de nous.

Agneau sans tache, ayez pitié de nous.

Hostie sainte, ayez pitié de nous.

Calice de bénédiction, ayez pitié de nous.

Céleste préparatif contre le péché, ayez pitié.

Principal souvenir de l'amour de Dieu envers nous, ayez pitié de nous.

Festin délicieux où les Anges servent, ayez.

Lien de charité, ayez pitié de nous.

Offrant et Offrande, ayez pitié de nous.

Viatique de ceux qui meurent au Seigneur, ayez pitié de nous.

Gage de la gloire à venir, ayez pitié de nous.

Soyez-nous propice, pardonnez-nous, Seigneur.

Soyez-nous propice, exaucez-nous, Seigneur.

De l'indigne réception de votre sacré Corps et Sang, délivrez-nous, Seigneur.

Par l'ardente charité qui vous a fait instituer ce divin Sacrement, délivrez-nous, Seigneur.

Par votre précieux Sang que vous nous avez laissé au saint Sacrifice de la Messe, délivrez-nous, Seigneur.

Pauvres pécheurs que nous sommes, nous vous prions, écoutez-nous.

Afin qu'aux approches de la mort, il vous plaise de nous munir de ce Viatique céleste, nous vous prions, écoutez-nous.

Vrai Fils de Dieu, nous vous prions, écoutez-nous.

Agneau de Dieu, qui ôtez les péchés du monde, pardonnez-nous, Seigneur.

Agneau de Dieu, qui ôtez les péchés du monde, exaucez-nous, Seigneur.

Agneau de Dieu, qui ôtez les péchés du monde, ayez pitié de nous, Seigneur.

10

v. Seigneur, exaucez ma prière, r. Et que mon cri aille jusqu'à vous.

ORAISON.

Mon Seigneur Jésus-Christ, qui, selon la volonté de votre Père, avec la coopération du Saint-Esprit, avez donné la vie au monde par votre mort, délivrez-nous de tout péché par l'adorable Sacrement de vos autels, et faites que nous soyons toujours attachés d'une fidèle obéissance à vos commandements, et ne permettez pas que nous nous séparions jamais de vous.

LITANIES EN L'HONNEUR DE L'ENFANCE DE NOTRE SEIGNEUR JÉSUS-CHRIST.

Seigneur, ayez pitié de nous.
Jésus-Christ, ayez pitié de nous.
Seigneur, ayez pitié de nous.
Jésus Enfant, écoutez-nous.
Jésus Enfant, exaucez-nous.

Dieu le Père, qui êtes dans le ciel, ayez pitié de nous

Dieu le Fils, qui êtes le Rédempteur du monde,   ayez.

Saint Esprit, qui êtes Dieu,   ayez.

Sainte Trinité, qui n'êtes qu'un seul Dieu, ayez pitié de nous.

Enfant qui êtes le fils du Dieu vivant,   ayez.

Enfant qui êtes le fils de la Vierge Marie, ayez.

Enfant qui avez été engendré avant que l'étoile du matin ait paru,   ayez.

Enfant qui êtes le Verbe qui s'est fait chair, ayez pitié de nous.

Enfant qui êtes la sagesse de votre Père, ayez pitié de nous.

Enfant qui avez consacré la pureté de votre Mère, ayez pitié de nous.

Enfant qui êtes le Fils unique de votre Père, ayez pitié de nous.

Enfant qui êtes le premier né de votre Mère, ayez pitié de nous.

Enfant qui êtes l'image de votre Père,   ayez.

Enfant qui êtes l'origine de votre Mère, ayez.

Enfant qui êtes la splendeur de votre Père, ayez pitié de nous.

Enfant qui êtes la gloire de votre Mère, ayez.

Enfant qui êtes égal à votre Père, ayez.

Enfant qui avez été sujet à votre Mère, ayez.

Enfant qui êtes notre Dieu, ayez.

Enfant qui êtes notre frère, ayez.

Enfant qui marchez dans la voie étant glorieux, ayez pitié de nous.

Enfant qui possédez la gloire étant voyageur, ayez pitié de nous.

Enfant qui pleurez dans le berceau, ayez.

Enfant qui tonnez dans le ciel, ayez.

Enfant qui êtes redouté des tyrans, ayez.

Enfant qui êtes désiré des Mages, ayez.

Enfant qui renversez les idoles, ayez.

Enfant qui êtes rempli de zèle pour la gloire de Dieu, votre Père, ayez pitié de nous.

Enfant qui êtes puissant dans la faiblesse, ayez pitié de nous.

Enfant qui êtes le trésor de la petitesse, ayez.

Enfant qui êtes le trésor de la grâce, ayez.

Enfant qui êtes la source du pur amour, ayez.

Enfant qui avez tout rétabli dans le ciel,
  ayez pitié de nous.

Enfant qui avez tout réparé sur la terre, ayez.

Enfant qui êtes le chef des Anges,   ayez.

Enfant qui êtes la tige des Patriarches, ayez.

Enfant qui êtes la parole des Prophètes, ayez.

Enfant qui avez été la joie des Pasteurs, ayez.

Enfant qui avez été le désir des Gentils, ayez.

Enfant qui avez été la lumière des Mages,
  ayez pitié de nous.

Enfant qui avez été le salut des enfants, ayez.

Enfant qui avez été l'attente des Justes, ayez.

Enfant qui avez été le Maître des Docteurs,
  ayez pitié de nous.

Enfant qui avez été les prémices de tous les
  Saints, ayez pitié de nous.

Soyez-nous favorable, pardonnez-nous, Enfant Jésus.

Soyez-nous favorable, exaucez-nous, Enfant
  Jésus.

Du joug de la servitude des enfants d'Adam,
  délivrez-nous, Enfant Jésus.

De la captivité du diable,   délivrez.

De la malice du siècle, délivr.-nous, Enf. Jésus.

De la concupiscence de la chair,   délivrez.

De l'orgueil de la vie,   délivrez.

De la passion désordonnée de savoir, délivrez.

De l'aveuglement d'esprit,   délivrez.

De la mauvaise volonté,   délivrez.

De nos offenses,   délivrez.

Par votre pure Conception,   délivrez.

Par votre Nativité humble et pauvre, délivr.

Par vos larmes,   délivrez.

Par votre douloureuse Circoncision, délivrez.

Par votre manifestation très glorieuse, délivr.

Par votre très dévote présentation,   délivrez.

Par votre conversation très innocente, délivrez.

Par votre pauvreté,   délivrez.

Par vos voyages et travaux,   délivrez.

Par vos souffrances,   délivrez.

Agneau de Dieu, qui ôtez les péchés du monde, exaucez-nous, Enfant Jésus.

Agneau de Dieu, qui ôtez les péchés du monde, exaucez-nous, Enfant Jésus.

Agneau de Dieu, qui ôtez les péchés du monde, ayez pitié de nous, Enfant Jésus.

Jésus Enfant, écoutez-nous.
Jésus Enfant, exaucez-nous.

PRIONS.

Seigneur Jésus, qui ayant été conçu du Saint-Esprit, avez voulu naître de la sainte Vierge, être circoncis, manifesté aux Gentils, et présenté au Temple, être porté en Egypte, y être sauvé, et y passer une partie de votre enfance, de là retourner à Nazareth, paraître dans Jérusalem comme un prodige de sagesse parmi les Docteurs, et qui avez eu la bonté de renouveler le monde par votre divine Enfance durant l'espace de douze années, faites-nous la grâce de révérer les Mystères de cette très sainte Enfance avec tant de piété, que nous devenions humbles de cœur et d'esprit, et conformes à vous en toutes choses, divin Enfant, qui vivez et régnez avec Dieu votre Père, dans l'unité du Saint-Esprit.

Ainsi soit-il.

LITANIES POUR LA BONNE MORT.

Seigneur Jésus, Dieu de bonté, Père de miséricorde, je me présente devant vous avec un cœur humilié, brisé et confondu ; je vous recommande ma dernière heure et ce qui doit la suivre.

Quand mes pieds immobiles m'avertiront que ma course en ce monde est près de finir, miséricordieux Jésus, ayez pitié de moi.

Quand mes yeux obscurcis et troublés des approches de la mort porteront vers vous leurs regards tristes et mourants, miséricordieux Jésus, ayez pitié de moi.

Quand mes lèvres froides et tremblantes prononceront pour la dernière fois votre adorable nom, miséricordieux Jésus, ayez pitié de moi.

Quand mes joues pâles et livides inspireront aux assistants la compassion et la terreur, et que mes cheveux baignés des sueurs de la mort, s'élevant sur ma tête, annonceront ma fin prochaine, miséricordieux Jésus, ayez pitié de moi.

Quand mes oreilles, près de se fermer pour toujours aux discours des hommes, s'ouvriront pour entendre votre voix qui prononcera l'arrêt fatal et irrévocable qui me retranchera du nombre des vivants, miséricordieux Jésus, ayez pitié de moi.

Quand mon imagination, agitée de fantômes sombres et effrayants, sera plongée dans des tristesses mortelles, que mon esprit, troublé par la vue de mes iniquités et par la crainte de votre justice, luttera contre l'ange des ténèbres qui voudrait me dérober la vue de vos miséricordes et me jeter dans le désespoir, miséricordieux Jésus, ayez pitié de moi.

Quand mon faible cœur, accablé par la douleur de la maladie, sera saisi des horreurs de la mort et épuisé par les efforts qu'il aura faits contre les ennemis de mon salut, miséricordieux Jésus, ayez pitié de moi.

Quand je verserai mes dernières larmes, symptômes de ma destruction, recevez-les en sacrifice d'expiation, afin que j'expire comme une victime de la pénitence ; et dans ce terrible moment, miséricordieux Jésus, ayez pitié de moi.

Quand mes parents et mes amis, assemblés autour de moi, s'attendriront sur mon état et vous invoqueront pour moi, miséricordieux Jésus, ayez pitié de moi.

Quand j'aurai perdu l'usage de tous mes sens, que le monde entier aura disparu pour moi, et que je serai dans les oppressions de ma dernière agonie et dans le travail de la mort, miséricordieux Jésus, ayez pitié de moi.

Quand les derniers soupirs de mon cœur presseront mon âme de sortir de mon corps, acceptez-les comme venant d'une sainte impatience d'aller à vous, et, miséricordieux Jésus, ayez pitié de moi.

Quand mon âme, sur le bord de mes lèvres, sortira pour toujours de ce monde et laissera mon corps pâle, glacé et sans vie, acceptez la destruction de mon être, comme un hommage que je veux rendre à votre divine Majesté, et, miséricordieux Jésus, ayez pitié de moi.

Enfin, quand mon âme paraîtra devant vous et qu'elle verra pour la première fois l'éclat de votre majesté, ne la rejetez pas de devant votre face; daignez me recevoir dans le sein de votre miséricorde, afin que je chante éternellement vos louanges, et, miséricordieux Jésus, ayez pitié de moi. Ainsi soit-il.

ORAISON.

O Dieu! qui, nous condamnant à la mort, nous en avez caché le moment et l'heure, faites que, passant dans la justice et dans la sainteté tous les jours de ma vie, je puisse mériter de sortir de ce monde dans la paix d'une bonne conscience, et mourir dans votre saint amour. Par Notre-Seigneur Jésus-Christ, qui vit et règne avec vous dans l'unité du Saint-Esprit. Ainsi soit-il.

PRIÈRE POUR DEMANDER A DIEU UNE BONNE MORT.

Vous me commandez, Seigneur, de réfléchir souvent sur ma fin dernière, et vous m'assurez que cette pensée salutaire sera le préservatif le plus sûr contre les dangers qui me menacent. Prosterné en ce moment à vos pieds, je préviens ce jour où, condamné par vos décrets adorables à subir l'arrêt de mort porté contre le genre humain, je serai près de vous remettre mon âme. Affaibli peut-être alors par une longue et douloureuse maladie, ou bien surpris par un de ces accidents qui enlèvent à la raison toutes ses ressources, pourrai-je vous adresser mes prières et mes vœux? Ecoutez donc aujourd'hui, Seigneur, ce que je voudrais vous dire dans ce moment redoutable : que la voix de votre serviteur s'élève jusqu'à vous, que la prière qu'il vous adresse du fond de sa misère intéresse en sa faveur votre miséricorde et vos bontés.

Que vous me paraissez terrible, ô souverain

Juge, qui punissez la désobéissance d'un père prévaricateur par l'extinction de sa malheureuse postérité! mais j'adore vos décrets tout rigoureux qu'ils sont, et je m'y soumets avec une humble résignation.

Tout m'annonce ce jour redoutable : il me semble que déjà les terreurs de la mort m'environnent et me pressent, et je succomberais à cette idée si je ne savais, ô mon Dieu, que vous serez le témoin de mes derniers combats contre l'ennemi de mon salut, et que comme un père tendre et compatissant vous soutiendrez ma faiblesse.

Ma seule ressource alors sera de crier vers vous, Seigneur ; et si pendant ma vie j'ai mis ma confiance en vous seul, si vous avez été le principe et la fin de toutes mes actions, et que, fidèle à votre loi, j'aie fait de vos préceptes mes plus chères délices, je pourrai vous dire de toute la plénitude de mon âme : Vous êtes, Seigneur, mon unique espérance ; je quitte sans regret une vie pleine de misères et d'infirmités, et en fermant les yeux aux biens fragiles qui m'environnent, je les ouvre sur vous, ô mon Dieu, qui devenez ma possession éternelle dans la terre des vivants.

Pour me purifier et pour m'éprouver dans ces derniers instants, peut-être permettrez-vous, Seigneur, que mes ennemis redoublent leurs efforts, et que la présomption ou la terreur viennent m'assaillir tour à tour ; peut-être même paraîtrez-vous m'abandonner quelque temps à ma propre faiblesse : je ne m'en plaindrai pas, ô mon Dieu, et j'espère qu'avec le secours de votre grâce ma confiance n'en sera point ébranlée. Daignez seulement me soutenir par les consolations de vos ministres, m'environner de vos saints Anges, me munir du pain de vie et de l'onction sainte, m'armer de votre croix, m'animer par les prières de l'Eglise, et mon âme dans un saint transport s'écriera : Que le Seigneur se lève et que ses ennemis soient dissipés. Elle conservera la confiance et la paix, elle soupirera après le moment où vous briserez ses liens, elle s'élèvera par la foi jusqu'à la sainte Jérusalem, elle y verra vos amis s'intéresser à son bonheur, et par leurs prières accélérer sa réunion au corps de vos Elus.

Mais vous ne couronnez, ô mon Dieu, que ceux qui ont combattu jusqu'à la fin. Faites donc, par votre miséricorde infinie, que chacun de mes jours soit marqué par quelque victoire sur mes passions, que je triomphe à la fin de ma vie par la soumission et par la patience, et que mon dernier combat, sanctifié par votre grâce, devienne l'époque de mon salut; afin qu'uni aux justes qui m'attendent, je puisse, avec eux, bénir votre miséricorde, et vous glorifier dans la suite des siècles. Ainsi soit-il.

ACTIONS DE GRACES D'UNE AME INVIOLABLEMENT ATTACHÉE A L'ÉGLISE.

Grâces immortelles vous soient rendues, Seigneur, de m'avoir fait naître dans le sein de votre Eglise, de m'avoir mis au nombre des enfants de cette Eglise formée du sang de votre Fils adorable, son chef invisible, dont saint Pierre, et après lui ses successeurs, tiennent la place en qualité de chefs visibles ; de cette Église catholique, apostolique et romaine, la seule Église véritable, la colonne de la vérité, contre laquelle les puissances de l'enfer ne prévaudront jamais.

Au milieu des troubles et des dissensions qui agitent quelquefois les esprits, je ne consulte que l'Église : dès qu'elle a parlé, je me tais, et je me soumets avec le plus profond respect. Par là ma foi devient plus pure, plus ferme et plus tranquille. Lorsqu'il s'élève des orages et des tempêtes, je me jette aussitôt dans la barque de Pierre, et j'y goûte la douceur du calme le plus profond, parce que je suis convaincu que là il n'y a pour moi ni écueils ni naufrage à craindre.

Ce n'est pas là, Seigneur, une de vos moindres grâces, et ne puis-je pas même dire qu'un esprit docile et soumis est le plus précieux des dons que vous faites à vos élus? Je vous bénis mille fois de me l'avoir donné, et je vous demande la grâce de ne le perdre jamais.

PRIÈRE POUR DEMANDER A DIEU UN PARFAIT DÉTACHEMENT.

Vous demandez de moi, Seigneur, un détachement parfait de toutes les créatures, vous l'exigez d'une manière absolue pour prendre de mon cœur une possession entière et paisible. J'en reconnais la nécessité, ô mon Dieu. Je vous en offre le désir, je vous supplie de m'en accorder la grâce. Enseveli dans le limon des choses terrestres, comment pourrais-je en sortir par mes faibles efforts? Venez donc à mon aide, Seigneur, et hâtez-vous de me secourir. Brisez mes liens, et je vous offrirai un vrai sacrifice de louanges, puisqu'il n'y a qu'une âme parfaitement détachée qui puisse vous louer dignement : l'abandon généreux qu'elle fait de toutes les créatures dans la vue de vous plaire davantage, prouve que ces créatures ne sont rien devant vous, que vous seul méritez nos hommages et notre amour.

Dieu plein de bonté, qui daignez être jaloux de mon cœur, voyez sa faiblesse : en vous servant, il se recherche lui-même : en paraissant ne tendre que vers vous, il revient toujours à lui par mille secrets détours.

Ah ! Seigneur, poursuivez sans ménagement toutes les illusions de l'amour-propre : coupez, brûlez jusques à ses dernières racines. Faites que je n'aie d'autre but que de vous plaire, que je ne goûte d'autre satisfaction que de suivre en tout votre sainte volonté, et que je meure entièrement à moi-même et à toutes les créatures, pour ne vivre qu'en vous et pour vous.

PRIÈRE POUR DEMANDER A DIEU LA PAIX INTÉRIEURE.

O Dieu plein de bonté, qui pouvez seul donner la paix à mon cœur, Dieu tout-puissant et miséricordieux, dont le règne en nous est un

règne de paix et d'amour, portez vous-même
dans mon âme ce calme que vous attendez
pour vous communiquer à elle. L'action tranquille, le désir sans passion, le zèle qui se
montre sans s'agiter, ne peuvent venir que
de vous, Sagesse éternelle, qui êtes le principe
et le modèle de la véritable paix. Vous nous
l'avez promise par vos Prophètes, vous nous
l'avez assurée par l'effusion de votre Esprit :
ne permettez pas que le trouble de nos passions, ou que l'envie des ennemis de notre
salut nous fassent perdre ce don céleste qui
est le gage de votre amour et le prix du sang
de votre Fils.

PRIÈRE POUR DEMANDER LA GRACE DE BIEN PRIER.

Seigneur, apprenez-moi à bien prier. Répandez sur nous l'esprit de grâce et de prière.
De nous-mêmes, nous ne pouvons pas former
une bonne pensée; nous ne savons pas ce que
nous devons demander, ni la manière de le

demander. Donnez-nous votre Saint-Esprit, qui aide notre faiblesse, qui nous fasse prier et gémir devant vous d'une manière qui vous soit agréable. Préparez notre âme avant la prière; parlez vous-même le premier à notre cœur, afin que notre cœur soit en état de vous parler; ouvrez nos lèvres, afin que notre bouche publie vos louanges; et vous qui n'écoutez point les pécheurs, mettez-nous du nombre de ceux qui vous rendent un culte sincère et dont vous écoutez la prière. Créez en nous un cœur pur, et donnez-nous un esprit droit. Enseignez-nous ce qui vous est agréable, afin que nous le demandions, et faites que nous ne vous demandions rien qui ne soit digne de vous, et que vous ne puissiez nous accorder dans votre miséricorde. Joignez à cet esprit de discernement l'esprit d'ardeur et de ferveur, rendez-nous des enfants de désirs, et ne permettez pas que nous désirions faiblement, ni que nous vous demandions avec négligence le plus grand de tous les biens, qui est vous-même, car c'est vous seul que nous désirons et que nous demandons, ô mon Dieu ! et le bonheur de vous posséder et de jouir de vous est le but de toutes nos prières. Soutenez-nous dans le délai que vous apportez à nous accorder ce que nous vous demandons, et faites-nous obtenir par une prière qui ne cesse point et qui ne se lasse point, ce que vous n'accordez qu'à la persévérance. Humiliez-nous sous votre main toute-puissante, et si nous osons vous parler, quoique nous ne soyons que poussière et cendre, et que nous soyons pécheur, donnez-nous le cœur contrit et humilié que vous ne méprisez pas.

C'est au nom de Jésus-Christ votre Fils que nous vous prions, et c'est en nous appuyant sur ses mérites, en nous confiant en ses promesses, en obéissant à son commandement. Augmentez et réglez notre confiance, exaucez par votre pure miséricorde les prières de ceux que vous avez tirés du néant, sans qu'ils aient pu le mériter.

POUR DEMANDER LA GRACE DE CONNAITRE ET D'ACCOMPLIR LA VOLONTÉ DE DIEU.

Seigneur, Roi tout-puissant, tout est soumis à votre pouvoir, et la perfection consiste à faire votre volonté. Tout mon désir est de connaître ce que vous voulez et ce que vous demandez de moi, de m'y soumettre avec joie, et de l'accomplir d'un grand cœur et d'une pleine volonté. Mais qui pourra entrer dans vos desseins, ô mon Dieu ! qui pourra connaître ce que vous voulez ? et qui aura votre sentiment, à moins que vous ne donniez la sagesse, et que vous n'envoyiez votre Saint-Esprit pour redresser nos voies et pour nous apprendre ce qui vous est agréable ? Je sais qu'il n'y a que ceux qui ont vécu dans la justice qui puissent se présenter avec confiance devant vous, et vous demander la connaissance de votre volonté et de vos voies. Mais vous êtes plein de miséricorde, et vous ne refusez pas de faire connaître à celui qui se convertit ce que vous voulez qu'il fasse ; vous qui lui inspirez de vous le demander, ne permettez pas que je m'égare en voulant suivre mes propres voies et me conduire moi-même, ni que je me trompe en prenant ma volonté ou la volonté des autres pour la vôtre. Remplissez-moi de la connaissance de votre volonté, de sagesse et d'intelligence, afin que me conduisant d'une manière digne de vous, je vous plaise en toutes choses. Faites-moi étudier sans cesse et reconnaître quelle est votre volonté, ce qui est bon, ce qui est agréable, et ce qui est parfait. Faites-moi accomplir présentement ce que je connais de votre volonté, afin que je mérite de connaître ce que je n'en connais point encore. Que je ne sois pas du nombre de ces serviteurs que vous menacez d'un sévère châtiment, parce qu'ils ont connu la volonté de leur maître sans la faire. Que je suive l'exemple de Jésus-Christ votre Fils, qui, n'étant point venu pour faire sa volonté, a été obéissant à la vôtre jusqu'à la mort de la croix, et que ma nourriture soit de faire votre volonté et d'accomplir votre ouvrage.

PRIÈRE DANS LES AFFLICTIONS.

Je me trouve dans l'affliction et dans l'oppression ; je ne laisse pas, Seigneur, de méditer vos commandements. Quand je marcherais au milieu de l'ombre de la mort, je ne craindrais rien, parce que vous êtes avec moi. Mon âme, pourquoi êtes-vous triste, et pourquoi me troublez-vous? Espérez en Dieu, car je le louerai encore : il est mon Sauveur, il est mon Dieu. Votre nom est béni, ô Dieu de nos pères ! qui faites miséricorde lorsque vous êtes en colère, et qui, au temps de l'affliction, pardonnez le péché à ceux qui vous invoquent. Je me tourne vers vous. Il n'appartient point à l'homme de vouloir pénétrer dans le secret de vos conseils. Mais ce qu'il y a d'assuré pour tous ceux qui vous servent, est qu'ils seront couronnés, après avoir été éprouvés; qu'ils seront couronnés, après avoir été affligés; et qu'après avoir été corrigés, ils pourront recevoir le pardon et avoir part à votre miséricorde. Si nous recevons de votre main les biens que vous nous donnez, pourquoi ne recevons-nous pas avec soumission les maux dont il vous plaît de nous affliger! C'est vous qui donnez, c'est vous qui ôtez les biens de cette vie. Rien n'arrive que parce qu'il vous plaît. Que votre nom soit béni. Je consens de souffrir encore, si c'est votre volonté, et je vous demande la patience et la sagesse pour mieux souffrir que je n'ai fait jusqu'à présent. Si dans les maux que je souffre, vous fermez ma bouche au murmure et à la plainte, vous ne la fermerez pas à l'humble prière. Je vous prie dans mon affliction, et rougissant de n'avoir point cette surabondance de joie que vos Saints ressentaient dans les persécutions et dans les peines, je vous remercie cependant de me faire avoir quelque conformité avec Jésus-Christ votre Fils, qui n'est entré dans sa gloire que par les souffrances. Faites-moi tirer de mon affliction le fruit que vous désirez que j'en tire : finissez-la, si c'est votre volonté, et donnez-moi la force de souffrir pour votre gloire et pour mon avantage. Ainsi soit-il.

PRIÈRE DANS LES MALADIES.

Mon Père, éloignez de moi ce calice ; cependant, que votre volonté soit faite et non la mienne.

J'accepte, ô mon Dieu! les douleurs de la maladie et la mort même pour l'expiation de mes crimes.

Seigneur, frappez présentement, brûlez, coupez, pourvu que vous me pardonniez et que vous me donniez la vie éternelle.

Seigneur, ne me reprenez pas dans votre fureur, et ne me corrigez pas dans votre colère. Ayez pitié de moi, parce que je suis faible : guérissez-moi parce que mes os sont troublés.

Ce ne sont ni les médecins ni les remèdes qu'on applique qui donnent la guérison, c'est votre parole toute-puissante, ô Seigneur; guérissez-moi et je serai sauvé.

Ce corps qui se corrompt appesantit mon âme : qui me délivrera de ce corps de mort? ce sera votre grâce, ô mon Dieu! par notre Seigneur Jésus-Christ.

Jésus, fils de David, ayez pitié de moi, venez à moi, avant que je meure.

Seigneur, je souffre une violente douleur, rendez à ma prière une réponse favorable ; que dirai-je ? que me répondrez-vous ? c'est vous qui m'avez envoyé la maladie. Je repasserai devant vous toutes les années de ma vie dans l'amertume de mon cœur.

Vous êtes juste, Seigneur, tous vos jugements sont justes et toutes vos voies sont miséricorde, vérité et justice. Souvenez-vous de moi, ne vous vengez pas de mes péchés, et ne vous souvenez point de mes fautes.

Seigneur, traitez-moi selon votre volonté, et commandez que mon esprit soit reçu en paix ; car il m'est plus avantageux de mourir que de vivre.

Je crains de mourir, parce que je ne suis point encore préparé : j'ai honte de vivre, parce que j'avance peu dans la vertu. Mon Dieu, je m'abandonne à votre miséricorde, usez-en à mon égard. Ainsi soit-il.

PRIÈRE APRÈS AVOIR RECOUVRÉ LA SANTÉ.

Je vous bénis, Seigneur, Dieu d'Israël, et je vous remercie de la maladie que vous m'avez envoyée et de la santé que vous m'avez rendue. Vous m'avez fait miséricorde et vous avez eu pitié de moi. Faites, Seigneur, que je vous bénisse plus pleinement, et que je vous offre à jamais le sacrifice de votre louange et de ma santé. J'avais mérité la mort, et je devais mourir le jour même que j'ai désobéi à quelqu'un de vos commandements. Vous m'avez empêché de périr, vous avez mis derrière vous mes péchés, vous m'avez rendu la vie, afin que je vous loue et que j'emploie tous les jours à vous bénir. Vous ne voulez point la mort du pécheur, mais seulement qu'il se convertisse ; vous ne m'avez frappé que pour me guérir, et vous vous êtes contenté de m'avertir que ma vie est à vous, et que je dois me détacher de ma vie, me préparer à la mort, et retourner à vous par la pénitence. Recevez présentement le reste de ma misérable vie,

Recevez, pour les années qui sont déjà écoulées, le regret, la confusion, le gémissement d'un cœur contrit et le désir de faire pénitence. Recevez et bénissez le dessein que je prends devant vous de profiter de ma maladie et de vous consacrer ma santé. Ne permettez pas que j'oublie le danger aussitôt après qu'il est passé : en ce moment, qu'imitant cet homme reconnaissant qui se sépara d'une troupe ingrate, et vint seul se jeter aux pieds de Jésus-Christ son libérateur, je me présente devant vous pour vous remercier ; accordez-moi la grâce d'exécuter la résolution de bien vivre, que vous m'avez fait prendre pendant ma maladie. Ne permettez pas que l'amour de la vie vienne à s'augmenter en moi ; faites que je vive comme ayant été averti que je dois mourir, et que je vous rende gloire, après avoir été éprouvé et châtié, et que méprisant une vie qui se perd si aisément, je ne travaille plus que pour la vie éternelle.

Ainsi soit-il.

LES QUINZE ORAISONS

DE SAINTE BRIGITTE,

SUR LA PASSION DE N. S. J.-C.

PREMIÈRE ORAISON.

Jésus-Christ, douceur éternelle de ceux qu[i] vous aiment, joie qui surpasse toute joie [et] tout désir, salut et refuge des pécheurs, q[ui] avez témoigné n'avoir point de plus grand con[ten]tement que d'être parmi les hommes, jus[qu']à prendre la nature humaine dans la fi[n] les temps pour l'amour d'eux, souvenez-vou[s] [d]e la profonde tristesse que vous avez endu[ré]e en votre corps, dès l'instant de votre sa[lu]taire Passion, ainsi qu'il a été ordonné d[e] toute éternité dans la pensée divine. Souve[nez-vous de la tristesse et de l'amertume qu[e] vous avez eues en votre âme, ainsi que vous [l]e témoignâtes vous-même, lorsque, faisant l[a] cène avec vos disciples, leur donnant votre précieux corps et sang et leur lavant les pieds pour consolation, vous leur prédîtes votre prochaine Passion ; souvenez-vous, mon Dieu, de toutes les douleurs que vous avez endurées en votre corps délicat avant votre Passion, quand, après avoir prié par trois fois jusqu'à suer sang et eau, vous fûtes trahi par Judas, votre disciple, pris par la nation que vous aviez choisie, accusé par de faux témoins, jugé par trois juges à la fleur de votre jeunesse. Au temps de Pâques, vous fûtes innocemment condamné, dépouillé de vos propres vêtements, et, par dérision, revêtu de ceux d'autrui, les yeux et la face couverts, on vous donnait des soufflets : couronné d'épines, attaché à une colonne et un roseau à la main, on vous frappait sur la tête, et un nombre infini d'autres calomnies et affronts. En mémoire de toutes ces peines que vous avez endurées durant votre Passion, donnez-moi, avant la mort, une vraie contrition, une pure et entière confession, une digne satisfaction, et rémission de tous mes péchés. Ainsi soit-il.

Notre Père. Je vous salue.

DEUXIÈME ORAISON.

O Jésus, Créateur du ciel et de la terre, que nulle chose ne peut borner ni limiter, que vous renfermez dans votre puissance, ressouvenez-vous de la douleur très amère que vous souffrîtes lorsque les Juifs attachèrent vos mains et vos pieds à la croix, qu'ils les percèrent d'outre en outre avec de gros clous émoussés, d'autant que vous ne vouliez condescendre à leurs volontés. Ils ajoutèrent à vos plaies douleurs sur douleurs, et de cette façon vous ont si cruellement étendu sur la croix, que toutes les jointures de vos membres furent séparées. Je vous conjure, par la mémoire de cette très fâcheuse douleur de la croix, que vous me donniez votre crainte et votre âme. Ainsi soit-il.

Notre Père. Je vous salue.

TROISIÈME ORAISON.

O Jésus, céleste médecin, souvenez-vous des meurtrissures que vous avez souffertes en tous vos membres élevés en croix, desquels il n'en demeura pas un à sa place, de façon qu'il n'y

vait douleur semblable à la vôtre, d'autant
u'il ne s'est rencontré depuis les pieds jus-
u'au sommet de la tête aucune partie de vo-
re corps qui n'ait enduré; et cependant, oubliant toutes vos douleurs, vous n'avez pas
aissé de prier votre Père pour vos ennemis,
ui disant : Mon Père, pardonnez-leur, car ils
ne savent ce qu'ils font. Par cette grande mi-
éricorde, et en mémoire de votre douleur,
accordez-moi que le souvenir de votre Passion
très douloureuse soit la rémission de tous mes
péchés. Ainsi soit-il.

Notre Père. Je vous salue.

QUATRIÈME ORAISON.

O Jésus, vraie liberté des Anges, paradis de
délices, ayez mémoire de l'horreur que vous
enduriez lorsque vos ennemis, comme des
lions furieux, vous entouraient, et par cra-
chats, soufflets et autres supplices inouïs,
vous tourmentèrent. Je vous prie, mon Sauveur, qu'en considération de toutes ces peines
et paroles injurieuses, vous me délivriez de
tous mes ennemis tant visibles qu'invisibles,
et vous me fassiez la grâce qu'étant sous votre

protection, je puisse parvenir à la vie éternelle. Ainsi soit-il.

Notre Père. Je vous salue.

CINQUIÈME ORAISON.

O Jésus, miroir de lumière éternelle, sou
venez-vous de la tristesse que vous avez eu
en regardant dans le miroir de votre divinit
la prédestination de ceux qui doivent être sau
vés par les mérites de votre sainte Passion, e
la grande multitude des réprouvés qui doi
vent être damnés pour leurs péchés. Par ce
abîme de compassion dont vous avez plain
ees malheureux pécheurs, perdus, désespérés
et principalement de celle que vous fîtes pa
raître en croix au bon larron, lui disant : Tu
SERAS AUJOURD'HUI AVEC MOI EN PARADIS, je
vous prie, ô Jésus, qu'à l'heure de ma mort
vous me fassiez miséricorde. Ainsi soit-il.

Notre Père. Je vous salue.

SIXIÈME ORAISON.

O Jésus, roi adorable, souvenez-vous de la
douleur que vous aviez quand vous fûtes mis
en croix, où tous vos amis vous abandonnè-

rent excepté votre Mère, que vous recommandâtes à votre disciple saint Jean, lui disant : Femme, voilà ton Fils. Je vous supplie, mon Sauveur, par le glaive de douleur qui pour lors transperça son âme, que vous ayez pitié de moi, et me soulagiez de toutes mes afflictions, tant corporelles que spirituelles, et me donniez consolation à l'heure de ma mort. Ainsi soit-il.

Notre Père. Je vous salue.

SEPTIÈME ORAISON.

O Jésus, fontaine de piété inépuisable, qui par un profond excès d'amour, avez dit en croix : J'AI SOIF, mais la soif du salut du genre humain, je vous prie, mon Sauveur, de réchauffer le désir de nos cœurs de telle sorte que toutes nos œuvres soient parfaites, et d'éteindre en nous l'ardeur des appétits mondains. Ainsi soit-il.

Notre Père, Je vous salue.

HUITIÈME ORAISON.

O Jésus, douceur des cœurs, suavité des esprits, par l'amertume du fiel et du vinaigre que vous avez goûtés en croix pour l'amour de nous, accordez-nous de recevoir dignement votre corps et sang précieux à l'heure de notre mort, pour servir de remède et de consolation à nos âmes. Ainsi soit-il.

Notre Père. Je vous salue.

NEUVIÈME ORAISON.

O Jésus, vertu royale, joie de l'esprit, ayez souvenir de la douleur que vous avez endurée lors de votre mort, par les outrages des Juifs, et que vous criâtes à haute voix que vous étiez abandonné de votre Père, lui disant : Mon Père, pourquoi m'avez-vous abandonné ?

Par cette tristesse, je vous conjure, mon Sauveur, de ne point me délaisser dans toutes les angoisses et douleurs de la mort. Ainsi soit-il.

Notre Père. Je vous salue.

DIXIÈME ORAISON.

O Jésus, qui êtes en toutes choses commen-

cement et fin, souvenez-vous que vous avez
été submergé dans l'eau de votre Passion depuis le sommet de la tête jusqu'à la plante des
pieds. En considération de la grandeur de vos
plaies, enseignez-moi à garder vos commandements, afin que je ne demeure pas abîmé par
mes péchés. Ainsi soit-il.

Notre Père. Je vous salue.

ONZIÈME ORAISON.

Jésus, abîme très profond de miséricorde, je
vous prie, en mémoire de la profondeur de vos
plaies, qui ont passé jusqu'à la moelle de vos
os et de vos entrailles, que moi, misérable et
submergé par mes offenses, vous me tiriez hors
du péché, et me cachiez de votre face irritée
dans le trou de vos plaies, jusqu'à ce que votre colère soit passée. Ainsi soit-il.

Notre Père. Je vous salue.

DOUZIÈME ORAISON.

O Jésus, miroir de vérité, marque d'unité
lien de charité, souvenez-vous de la multitu
de de vos plaies, dont vous avez été meurtri
depuis les pieds jusqu'à la tête et rougi par

l'effusion de votre sang, laquelle douleur vous avez soufferte pour l'amour de nous, en votre chair virginale.

O doux Jésus, je vous conjure de marquer avec votre précieux sang toutes vos plaies dans mon cœur, afin que par elles je connaisse et lise vos douleurs et votre mort, et qu'en action de grâce je persévère jusqu'à la mort. Ainsisoit-il.

Notre Père. Je vous salue.

TREIZIÈME ORAISON.

O Jésus, Dieu très fort, roi immortel et invincible, qui avez mémoire de la douleur que vous avez endurée, lorsque toutes vos forces étant entièrement affaiblies, et inclinant la tête, vous avez dit : TOUT EST CONSOMMÉ. Par cette angoisse et douleur, je vous prie, ô bon Jésus, d'avoir pitié de moi à l'heure de ma mort, lorsque mon âme sera dans l'angoisse et que mon esprit sera troublé. Ainsi soit-il.

Notre Père. Je vous salue.

QUATORZIÈME ORAISON.

O Jésus, Fils unique du Père, la splendeur et figure de sa substance, souvenez-vous de l'humble recommandation que vous fîtes à votre Père, lui disant : JE REMETS MON AME ENTRE VOS MAINS : et votre corps déchiré, vos membres brisés, et les entrailles de votre miséricorde ouvertes pour nous racheter, vous avez expiré. Par cette précieuse mort, je vous prie, ô roi des saints, donnez-vous à moi pour résister au démon, au monde, à la chair et au sang, afin qu'étant mort au monde, je vive en vous seul. Recevez, je vous prie, à l'heure de ma mort, mon âme pèlerine et exilée qui retourne à vous. Ainsi soit-il.

Notre Père. Je vous salue.

QUINZIÈME ORAISON.

O Jésus, vraie et féconde vigne, souvenez-vous de la grande effusion du sang que vous avez répandu de votre corps adorable, tout ainsi que le raisin pressé sous le pressoir ; et lorsque de votre côté percé d'un coup de lance

par un soldat, vous avez répandu sang et eau,
en telle sorte qu'il n'en est demeuré une goutte, et comme un faisceau de myrrhe au haut
de la croix votre chair délicate est devenue
abattue, l'humeur de vos entrailles s'est toute
tarie, la moelle de vos os s'est séchée. Par cette
amère Passion et par l'effusion de votre précieux sang, je vous prie de recevoir mon
âme lorsque je serai à ma dernière heure.
Ainsi soit-il.

Notre Père. Je vous salue.

LITANIES DE SAINT JOSEPH.

Seigneur, ayez pitié de nous.
Jésus-Christ, ayez pitié de nous.
Seigneur, ayez pitié de nous.
Jésus-Christ, écoutez-nous.
Jésus-Christ, exaucez-nous.
Père céleste qui êtes Dieu, faites-nous miséri-
    corde.

Fils Rédempteur du monde, qui êtes Dieu, faites-nous miséricorde.

Esprit-Saint, qui êtes Dieu, faites-nous miséricorde.

Trinité sainte, qui êtes un seul Dieu, faites-nous miséricorde.

Sainte Marie, reine de tout le monde, priez pour nous.

Saint Joseph, époux de la Vierge Marie, priez pour nous.

Saint Joseph, qui avez été justifié par une faveur particulière de Dieu, priez pour nous.

Qui avez été exempt du péché mortel, priez pour nous.

Qui avez été affermi en grâce, priez pour nous.

Le sommet des patriarches, priez pour nous.

Qui avez été choisi pour être l'époux de la Vierge, priez pour nous.

Qui avez été comblé de bénédictions ineffables, priez pour nous.

Que la reine du ciel a servi, priez pour nous.

Qui avez été appelé père de Jésus-Christ, priez pour nous.

Tuteur très zélé de Jésus-Christ, priez p. n

Nourricier très fidèle de Jésus-Christ, prie: pour nous.

Qui, le premier après la Vierge, avez adoré Jé sus-Christ, priez pour nous.

Qui avez garanti Jésus-Christ de la cruaut d'Hérode, priez pour nous.

Qui n'avez pas voulu déshonorer la saint Vierge, priez pour nous.

Qui avez été très cher à Jésus-Christ et à s mère, priez pour nous.

Qui avez été rempli en abondance des dons du Saint-Esprit, priez pour nous.

Homme angélique, priez pour nous.

Qui suivant l'avis de l'ange, avez pris soin de conserver Jésus-Christ, priez pour nous.

Qui avez porté comme un ange les ordres de Dieu, priez pour nous.

Qui, comme une principauté des esprits cé- lestes, avez conduit Jésus-Christ qui était l'ange du grand conseil, priez pour nous.

Qui, comme les vertus des ordres célestes avez servi Jésus-Christ, priez pour nous.

Plus grand que les dominations, qui avez été servi par le roi et par la reine du ciel, priez pour nous.

Entre les bras et sur le sein duquel Jésus-Christ s'est reposé comme sur un trône, priez pour nous.

Qui, comme un chérubin du paradis, avez eu la garde de la Vierge, priez pour nous.

Homme séraphique, priez pour nous.

Très sublime contemplatif, priez pour nous.

Qui avez rendu l'âme entre les mains de Jésus-Christ, priez pour nous.

Qui avez entendu les concerts des anges, priez pour nous.

Qui avez été le précurseur de Jésus-Christ aux limbes, priez pour nous.

Qui êtes monté au ciel avec Jésus-Christ comme les autres patriarches, priez pour nous.

Jouissant de la gloire du ciel, priez pour nous.

Notre protecteur et notre défenseur, priez pour nous.

Par la passion de votre très cher Fils, Seigneur, exaucez votre peuple.

Par la virginité de la bien-aimée mère de votre Fils, Seigneur, sauvez votre peuple.

Par la fidélité de saint Joseph, Seigneur, pro-
tégez votre peuple.

Seigneur, ayez pitié de nous.

Jésus-Christ, ayez pitié de nous.

Seigneur, ayez pitié de nous.

Ant. Ce saint a méprisé le monde ; il a
foulé aux pieds les biens de la terre, et il s'est
acquis par ses paroles et ses actions un trésor
dans le ciel.

PRIONS.

Dieu tout-puissant et très doux, qui avez
donné pour époux à la bienheureuse Vierge
Marie, votre mère, le bienheureux Joseph,
vrai fils de David, et qui l'avez choisi pour
être votre nourricier, faites, s'il vous plaît,
que par ses prières et ses mérites, votre Eglise
se réjouisse d'être dans la paix, et qu'elle
puisse avoir la consolation de vous voir éternellement, vous qui vivez et régnez avec Dieu
le Père, etc.

LITANIES

Seigneur, ayez pitié de nous.

Jésus-Christ, ayez pitié de nous.

Seigneur, ayez pitié de nous.

Jésus-Christ, écoutez-nous.

Jésus-Christ, exaucez-nous.

Père céleste, qui êtes Dieu, ayez pitié de nous.

Fils, Rédempteur du monde, qui êtes Dieu, ayez pitié de nous.

Esprit saint, qui êtes Dieu, ayez pitié de nous.

Providence de Dieu, digne objet de l'amour des anges et des hommes, ayez pitié de n.

Providence de Dieu, conduite par le cœur de Jésus-Christ, ayez pitié de nous.

Providence de Dieu, qui gouvernez tout avec

nombre, poids et mesure, ayez pitié de n.

Providence de Dieu, espérance de notre salut, ayez pitié de nous.

Providence de Dieu, consolation de l'âme pèlerine, ayez pitié de nous.

Providence de Dieu, chemin du ciel, ayez pitié de nous.

Providence de Dieu, guide fidèle de l'âme dans tous les dangers, ayez pitié de nous.

Providence de Dieu, digne dispensatrice des grâces, ayez pitié de nous.

Providence de Dieu, trésor inépuisable de tous biens, ayez pitié de nous.

Providence de Dieu, soutien des justes, ayez pitié de nous.

Providence de Dieu, espérance des pécheurs les plus délaissés, ayez pitié de nous.

Providence de Dieu, refuge des misérables, ayez pitié de nous.

Providence de Dieu, recours dans tous les besoins, ayez pitié de nous.

Providence de Dieu, calme dans les tempêtes, ayez pitié de nous.

Providence de Dieu, repos du cœur, ayez pitié de nous.

Providence de Dieu, asile des affligés, ayez pitié de nous.

Providence de Dieu, remède efficace à toutes sortes de maux, ayez pitié de nous.

Providence de Dieu, qui nourrissez ceux qui ont faim, ayez pitié de nous.

Providence de Dieu, source de rafraîchissements, ayez pitié de nous.

Providence de Dieu, appui des pauvres, ayez pitié de nous.

Providence de Dieu, soutien de la veuve et de l'orphelin, ayez pitié de nous.

Providence de Dieu, attribut divin, qui méritez nos hommages, ayez pitié de nous.

v. Nous exaltons, Seigneur, votre Providence,

R. Et nous nous soumettons à tous ses décrets sur nous.

ORAISON.

O Dieu éternel, qui ne dédaignez pas de jeter les regards de votre providence sur nous, pour nous conduire, tout indignes que nous sommes, accordez-nous, s'il vous plaît, la grâce que nous nous abandonnions si absolument à tous les desseins de cette même providence sur nous, pendant le cours muable de cette vie, que nous puissions arriver à l'immutabilité des biens célestes. Par notre Seigneur Jésus-Christ. Ainsi soit-il.

PRIÈRES DU MATIN.

Au nom du Père, et du Fils, et du Saint-Esprit. Ainsi soit-il.

Mon Dieu, je crois fermement que vous êtes présent partout, et particulièrement en ce lieu. Je vous adore comme mon créateur et mon souverain Maître, et je me soumets entièrement à vous.

Je vous remercie, ô mon Dieu, de m'avoir créé, et de m'avoir racheté et fait chrétien, comme aussi de toutes les autres grâces que j'ai reçues de vous, et particulièrement celle de m'avoir conservé durant cette nuit.

Je vous offre toutes mes pensées, mes paroles, mes actions et mes souffrances, pour votre plus grande gloire, en union avec celles de Notre-Seigneur Jésus-Christ.

Je me propose de mieux vivre que je n'ai fait, et de mourir plutôt que de vous offenser O mon Dieu, donnez-moi la grâce d'exécuter ce bon propos !

Sainte Marie, mère de Dieu, priez pour moi ! Mon Ange gardien, priez pour moi ! Mon bon patron, saint N..., priez pour moi! Tous les Saints et Saintes, priez pour moi!

ORAISON DOMINICALE.

Notre Père, qui êtes au cieux, que votre nom soit sanctifié, que votre règne arrive; que votre volonté soit faite en la terre comme au ciel; donnez-nous aujourd'hui notre pain quotidien, et nous pardonnez nos offenses comme nous pardonnons à ceux qui nous ont offensés; et ne nous laissez pas succomber à la tentation; mais délivrez-nous du mal.

Ainsi soit-il.

Pater noster, qui es in cœlis, sanctificetur nomen tuum; adveniat regnum tuum; fiat voluntas tua, sicut in cœlo et in terrâ; panem nostrum quotidianum da nobis hodiè; et dimitte nobis debita nostra, sicut et nos dimittimus debitoribus nostris; et ne nos inducas in tentationed; sed libera nos à malo.

Amen.

LA SALUTATION ANGÉLIQUE.

Je vous salue, Marie, pleine de grâce; le Seigneur est avec vous; vous êtes bénie entre

Ave, Maria, gratia plena, Dominus tecum: benedicta tu in mulieribus; et benedictus fructus ventris tui, Jesus.

Sancta Maria, Mater Dei, ora pro nobis peccatoribus, nunc et in horâ mortis nostræ.

Amen.

toutes les femmes, et Jésus, le fruit de votre sein, est béni.

Sainte Marie, mère de Dieu, priez pour nous, pauvres pécheurs, maintenant et à l'heure de notre mort.

Ainsi soit-il.

LE SYMBOLE DES APOTRES.

Credo in Deum Patrem omnipotentem, Creatorem cœli et terræ, et in Jesum Christum, Filium ejus unicum, Dominum nostrum; qui conceptus est de Spiritu Sancto, natus ex Maria Virgine; passus sub Pontio Pilato, crucifixus, mortuus et sepultus, descendit ad inferos, tertiâ die resurrexit à mortuis; ascendit ad

Je crois en Dieu, le Père tout-puissant, Créateur du ciel et de la terre, et en Jésus-Christ son fils unique notre Seigneur, qui a été conçu du Saint-Esprit, qui est né de la Vierge Marie, qui a souffert sous Ponce-Pilate, qui a été crucifié, est mort et a été enseveli; qui est descendu aux enfers, et le troisième jour est ressuscité d'entre les morts; qui est monté aux cieux, qui est assis à la droite de Dieu le Père tout-puissant, d'où il viendra juger les vivants et les morts. Je crois au Saint-Esprit, la sainte Eglise catholique, la communion des Saints, la rémission des péchés, la résurrection de la chair, la vie éternelle.

Ainsi soit-il.

cœlos, sedet ad dexteram Dei Patris omnipotentis : indè venturus est judicare vivos et mortuos. Credo in Spiritum Sanctum, Sanctam Ecclesiam catholicam, Sanctorum communionem, remissionem peccatorum, carnis resurrectionem, vitam æternam. Amen.

ACTE DE FOI.

Mon Dieu, je crois fermement tout ce que croit et enseigne l'Eglise catholique, parce que vous, qui êtes la vérité même, le lui avez révélé.

ACTE D'ESPÉRANCE.

Mon Dieu, j'espère avec une ferme confiance, par les mérites de Jésus-Christ, votre grâce en ce monde et votre gloire en l'autre, parce que vous me l'avez promis, et que vous êtes fidèle dans vos promesses.

ACTE DE CHARITÉ.

Mon Dieu, je vous aime de tout mon cœur, de toute mon âme, et de toutes mes forces, par dessus toutes choses, parce que vous êtes infiniment bon et aimable, et j'aime mon prochain comme moi-même pour l'amour de vous.

PRIONS POUR LE PROCHAIN.

Seigneur, écoutez nos prières pour toute l'Eglise, pour notre saint Père le Pape, pour nos parents, nos bienfaiteurs, nos amis, nos ennemis, et généralement pour tous nos frères absents ; répandez sur nous toutes vos bénédictions, et accordez à chacun ce que vous savez nous être nécessaire.

Dieu de bonté, faites miséricorde aux âmes des fidèles qui souffrent dans le purgatoire.

LES COMMANDEMENNS DE DIEU.

Un seul Dieu tu adoreras
   Et aimeras parfaitement.
Dieu en vain tu ne jureras,
   Ni autre chose pareillement.
Les Dimanches tu garderas
   En servant Dieu dévotement.

Tes père et mère honoreras,
  Afin de vivre longuement.
Homicide point ne seras,
  De fait ni volontairement.
Luxurieux point ne seras,
  De corps ni de consentement.
Le bien d'autrui tu ne prendras
  Ni retiendras sciemment.
Faux témoignage ne diras
  Ni mentiras aucunement.
L'œuvre de chair ne désiseras
  Qu'en mariage seulement.
Biens d'autrui ne convoiteras
  Pour les avoir injustement.

LES COMMANDEMENTS DE L'ÉGLISE.

Les Fêtes tu sanctifieras
  Qui te sont de commandement.
Les Dimanches messe ouïras
  Et les Fêtes pareillement.
Tous tes péchés confesseras,
  A tout le moins une fois l'an.
Ton Créateur tu recevras
  Au moins à Pâques humblement.
Quatre-Temps, Vigiles, jeûneras,
  Et le Carême entièrement.
Vendredi chair ne mangeras,
  Ni le samedi mêmement.

Que le Seigneur nous bénisse, qu'il nous préserve de tout mal, qu'en nous faisant garder ses commandements il nous conduise à la vie éternelle, et que, par sa miséricorde, les âmes des fidèles trépassés reposent en paix !

LITANIES DU SAINT NOM DE JÉSUS.

Kyrie, eleison.

Seigneur, ayez pitié de nous.

Christe, eleison.

Jésus-Christ, ayez pitié de nous.

Kyrie, eleison.

Seigneur, ayez pitié de nous.

Jesu, audi nos.

Jésus, écoutez-nous.

Jesu, exaudi nos.

Jésus, exaucez-nous.

Pater de Cœlis, Deus, miserere n.

Père céleste, qui êtes Dieu, ayez pitié de n.

Fili, Redemptor mundi, Deus, miserere nobis.

Fils, Rédempteur du monde, qui êtes Dieu, ayez pitié de nous.

Spiritus Sancte, Deus, miserere n.

Esprit Saint, qui êtes Dieu, ayez pitié de n.

Sancta Trinitas, unus Deus, miserere nobis.

Trinité sainte, qui êtes un seul Dieu, ayez pitié de nous.

Jésus, fils du Dieu vivant, ayez pitié de n.	Jesu, Fili Dei vivi, miserere nobis.
Jésus, splendeur du Père, ayez pitié de nous.	Jesu, splendor Patris, miserere n.
Jésus, éclat de la Lumière éternelle, ayez pitié de nous.	Jesu, candor Lucis æternæ, miserere nobis.
Jésus, Roi de gloire, ayez pitié de nous.	Jesu, Rex gloriæ, miserere nobis.
Jésus, Soleil de justice, ayez pitié de nous.	Jesu, Sol justitiæ, miserere nobis.
Jésus, Fils de la Vierge Marie, ayez pitié.	Jesu, Fili Mariæ Virginis, miserere.
Jésus aimable, ayez pitié de nous.	Jesu amabilis, miserere nobis.
Jésus admirable, ayez pitié de nous.	Jesu admirabilis, miserere nobis.
Jésus, Dieu fort, ayez pitié de nous.	Jesu, Deus fortis, miserere nobis.
Jésus, Père du siècle à venir, ayez pitié de n.	Jesu, pater futuri sæculi, miserere.
Jésus, Ange du grand conseil, ayez pitié.	Jesu, magni consilii Angele, miserere.
Jésus très puissant, ayez pitié de nous.	Jesu potentissime, miserere nobis.
Jésus très patient, ayez pitié de nous.	Jesu patientissime, miserere nobis.
Jésus très obéissant, ayez pitié de nous.	Jesu obedientissime, miserere nobis.

Jesu, mitis et humilis corde, miserere.

Jésus, doux et humble de cœur, ayez pitié de nous.

Jesu, amator castitatis, miserere.

Jésus, qui aimez la chasteté, ayez pitié de n.

Jesu, amator noster, miserere nobis.

Jésus, qui nous honorez de votre amour, ayez.

Jesu, Deus pacis, miserere nobis.

Jésus, Dieu de paix, ayez pitié de nous.

Jesu, auctor vitæ, miserere nobis.

Jésus, auteur de la vie, ayez pitié de nous.

Jesu, exemplar virtutum, miserere

Jésus, modèle des vertus, ayez pitié de n.

Jesu, zelator animarum, miserere.

Jésus, zélateur des âmes, ayez pitié de nous.

Jesu, Deus noster, miserere nobis.

Jésus, notre Dieu, ayez pitié de nous.

Jesu, refugium nostrum, miserere.

Jésus, notre refuge, ayez pitié de nous.

Jesu, pater pauperum, miserere.

Jésus, Père des pauvres, ayez pitié de nous.

Jesu, thesaurus fidelium, miserere nobis.

Jésus, trésor des fideles, ayez pitié de nous.

Jesu, bone Pastor, miserere nobis.

Jésus, bon Pasteur, ayez pitié de nous.

Jesu, lux vera, miserere nobis.

Jésus, vraie lumière, ayez pitié de nous.

Jesu, sapientia

Jésus, sagesse éternelle,

ayez pitié de nous.
Jésus, bonté infinie, ayez pitié de nous.
Jésus, notre voie et notre vie, ayez pitié.
Jésus, la joie des Anges, ayez pitié de nous.

Jésus, le Maître des Apôtres, ayez pitié de n.
Jésus, le Docteur des Évangélistes, ayez pitié de nous.
Jésus, la force des Martyrs, ayez pitié de n.
Jésus, la lumière des Confesseurs, ayez.
Jésus, la pureté des Vierges, ayez pitié de n.
Jésus, la couronne de tous les Saints, ayez pitié de nous.
Soyez-nous propice, Jésus, pardonnez-nous.
Soyez-nous propice, Jésus, exaucez-nous.
De tout péché, délivrez-nous, Jésus.
De votre colère, déli-

æterna, misere
Jesu, bonitas infi
ta, miserere.
Jesu, via et vita no
tra, miserere.
Jesu, gaudium A
gelorum, misere
nobis.
Jesu, Magister Apo
tolorum, mise
Jesu, Doctor Eva
gelistarum, mis
rere nobis.
Jesu, fortitudo Ma
tyrum, miserer
Jesu, lumen Confe
sorum, miserer
Jesu, puritas Virg
num, miserere
Jesu, corona San
torum omniu
miserere nobis.
Propitius esto, par
nobis, Jesu.
Propitius esto, exau
di nos, Jesu.
Ad omni peccato
libera nos, Jesu.
Ab irâ tuâ, liber

nos, Jesu.

insidiis diaboli, libera nos, Jesu.

spiritu fornicationis, libera nos.

morte perpetuâ, libera nos, Jesu.

neglectu inspirationum tuarum, libera nos, Jesu.

er mysterium sanctæ incarnationis tuæ, libera nos, Jesu.

er nativitatem tuam, libera nos, Jesu.

er infantiam tuam, libera nos, Jesu.

er divinissimam vitam tuam, lib.

er labores tuos, libera nos, Jesu.

er agoniam et passionem tuam, lib.

er crucem et derelictionem tuam, libera nos, Jesu.

er languores tuos,

vrez-nous, Jésus.

Des embûches du démon, délivrez-nous.

De l'esprit d'impureté, délivrez-nous, Jésus.

De la mort éternelle, délivrez-nous, Jésus.

Du mépris de vos divines inspirations, délivrez-nous, Jésus.

Par le mystère de votre sainte incarnation, délivrez-nous, Jésus.

Par votre naissance, délivrez-nous, Jésus.

Par votre enfance, délivrez-nous, Jésus.

Par votre vie toute divine, délivrez-nous, J.

Par vos travaux, délivrez-nous, Jésus.

Par votre agonie et votre passion, délivrez.

Par votre croix et par le délaissement que vous y avez souffert, déliv.

Par vos langueurs, délivrez-nous, Jésus. | libera nos, J

Par votre mort et par votre sépulture, delivrez-nous, Jésus. | Per mortem et pulturam tu libera nos, J

Par votre résurrection, délivrez-nous, Jésus. | Per resurrectio tuam, libera.

Par votre ascension, délivrez-nous, Jésus. | Per ascensio tuam, libera.

Par vos saintes joies, délivrez-nous, Jésus. | Per gaudia tua, bera nos, Jesu

Par votre gloire, délivrez-nous, Jésus. | Per gloriam tu libera nos, J

Agneau de Dieu, qui effacez les péchés du monde, pardonnez-nous, Jésus. | Agnus Dei, qui t peccata mu parce nobis, Je

Agneau de Dieu, qui effacez les péchés du monde, exaucez-nous, Jésus. | Agnus Dei, qui t peccata mu exaudi nos, Je

Agneau de Dieu, qui effacez les péchés du monde, ayez pitié de nous, Jésus. | Agnus Dei, qui t peccata mu miserere nobi

Jésus, écoutez-nous. | Jesu, audi nos.

Jésus, exaucez-nous. | Jesu, exaudi nos

OREMUS.

Domine, Jesu
riste, qui dixisti :
ite, et accipietis ;
ærite, et invenie-
; pulsate, et ape-
tur vobis : quæsu-
is, da nobis pe-
itibus divinissi-
tui amoris effec-
m, ut te toto corde,
e et opere diliga-
as, et à tuâ nun-
àm laude cesse-
us. Qui vivis et
gnas, Deus, in sæ-
la sæculorum.
Amen.

PRIONS.

Seigneur Jésus-Christ,
qui avez dit : Deman-
dez, et vous recevrez ;
cherchez, et vous trou-
verez ; frappez, et il vous
sera ouvert : nous vous
supplions d'allumer en
nous le feu de votre di-
vin amour, afin que nous
vous aimions de cœur,
de bouche et d'action, et
que jamais nous ne ces-
sions de vous louer, ô
Dieu qui vivez et régnez
dans les siècles des siè-
cles.
Ainsi soit il.

RIÈRE POUR OBTENIR LA SAINTE VERTU DE PURETÉ.

Par votre virginité très sainte et votre immaculée Conception, ô Vierge des Vierges !
reservez de toute souillure mon cœur, mon
sprit et mon corps. Ainsi soit-il.

Bénie soit la très sainte, la très pure et im-

maculée Conception de la bienheureuse Vie.
Marie !

Nous vous saluons, Reine du ciel, Mère
Dieu de miséricorde. Nous vous saluons
vous qui êtes après lui notre vie, notre con
lation, notre espérance. Exilés ici-bas, m
heureux enfants d'Eve, nous élevons vers vo
nos voix, nous vous présentons nos soup.
et nos gémissements dans cette vallée de la
mes. Soyez donc notre avocate ; jetez sur no
des regards de commisération, et, après l'ex
de notre vie, obtenez-nous le bonheur de co
templer Jésus, le fruit sacré de vos entraille
ô Vierge Marie, pleine de clémence, de do
ceur et de tendresse pour les hommes !

v. Agréez, ô Vierge sainte, les louanges q
je vous offre.

r. Obtenez-moi la force de résister à vos e.
nemis.

v. Vous êtes béni dans vos saints, Die
tout-puissant.

r. Et vous êtes saint en toutes vos œuvre

LE MATIN, A MIDI ET LE SOIR.

L'Ange du Seigneur annonça à Marie qu'elle enfanterait le Sauveur.	Angelus Domii nuntiavit Maria et concepit de Sp

u Sancto.

Ave, Maria, etc.

Ecce ancilla Do-
ini, fiat mihi se-
mdùm verbum
ium.

Ave, Maria, etc.

Et Verbum caro
ictum est, et habi-
ivit in nobis.

Ave, Maria, etc.

v. Ora pro nobis,
ancta Dei Genitrix,

r. Ut digni efficia-
nur promissioni-
ius Christi.

OREMUS.

Gratiam tuam,
quæsumus, Domi-
ne, mentibus nos-
tris infunde; ut
qui, Angelo nun-

elle l'a conçu par l'opé-
ration du Saint-Esprit.

Je vous salue, Marie,
etc.

Voici la servante du
Seigneur, qu'il me soit
fait selon votre parole.

Je vous salue, Marie,
etc.

Et le Verbe s'est fait
chair, et il a habité parmi nous.

Je vous salue, Marie,
etc.

v. Priez pour nous,
sainte mère de Dieu,

r. Afin que nous mé-
ritons d'avoir part aux
promesses de Jésus-
Christ.

PRIONS.

Répandez, s'il vous
plaît, Seigneur, votre
grâce dans nos âmes,
afin qu'ayant connu, par
la parole de l'Ange, l'in-

carnation de Jésus-Christ, votre Fils, nous arrivions, par les mérites de sa passion et de sa croix, à la gloire de sa résurrection. Nous vous en supplions par le même Jésus-Christ Notre-Seigneur.

Ainsi soit-il.

tiante, Christi Fili tui incarnationem cognovimus per passionem ejus et crucem, ad resurrectionis gloriam perducamur. Per eumdem Christum Dominum nostram.

Amen.

Pendant le temps pascal, au lieu de l'Angelus, on récite debout l'Ant. REGINA COELI, avec le verset et l'oraison; on les trouvera après les Complies du Dimanche.

BÉNÉDICTION DE LA TABLE.

Bénissez. R. Que ce soit le Seigneur.

Bénédiction. Que la main de Jésus-Christ nous bénisse, et la nourriture que nous allons prendre.

Au nom du Père, et du Fils, et du Saint-Esprit. Ainsi soit-il.

Seigneur, ayez pitié de nous, etc.

Benedicite. R. Dominus.

Benedictio. Nos et ea quæ sumus sumpturi, benedicat dextera Christi.

In nomine Patris, et Filii, et Spiritus Sancti. Amen.

Kyrie, eleison, etc.

GRACES.

Agimus tibi gratias, omnipotens Deus, pro universis beneficiis tuis : qui vivis et regnas in sæcula sæculorum. Amen.

Beata viscera Mariæ Virginis, quæ portaverunt æterni Patris Filium.

Et beata mea quæ lactaverunt Christum Dominum !

Fidelium animæ per misericordiam Dei requiescant in pace ! Amen.

Nous vous rendons grâces pour tous vos bienfaits, ô Dieu tout-puissant, qui vivez et régnez dans tous les siècles des siècles. Ainsi soit-il.

Heureuses les entrailles de la Vierge Marie, qui ont porté le Fils du Père éternel !

Et heureuses les mamelles qui ont allaité Jésus-Christ Notre-Seigneur !

Que les âmes des fidèles reposent en paix, par la miséricorde de Dieu ! Ainsi soit-il.

COURTE PRATIQUE DE PIÉTÉ.

A SON RÉVEIL.

Mon Dieu, je vous donne mon cœur : daignez me préserver de tout péché.

AVANT LE TRAVAIL.

Mon Dieu, je vous offre mon travail pour pénitence de mes péchés; donnez-lui, s'il vous plaît, votre sainte bénédiction.

QUAND L'HEURE SONNE.

Mon Dieu, je vous adore, je vous aime, je me donne tout à vous.

PRIÈRES DU SOIR.

Au nom du Père, et du Fils, et du Saint-Esprit. Ainsi soit-il.

Mon Dieu, je crois fermement que vous êtes présent partout, et particulièrement en ce lieu. Je vous adore comme mon Créateur et mon souverain Maître, et je me soumets entièrement à vous.

Je vous remercie, ô mon Dieu, de m'avoir racheté et fait chrétien, comme aussi de toutes les autres grâces que j'ai reçues de vous, et particulièrement celle de m'avoir conservé durant ce jour.

Je vous offre, ô mon Dieu, le repos que je vais prendre pour réparer mes forces afin de mieux vous servir.

Les Actes du matin, auxquels on ajoute :

Esprit saint, daignez m'éclairer, afin que je connaisse les péchés que j'ai commis ; faites-m'en concevoir une sincère douleur, et la résolution de m'en corriger.

Il faut ici examiner comment on a passé la journée.

Confiteor Deo omnipotenti, beatæ Mariæ semper virgini, beato Michaeli archangelo, beato Joanni Baptistæ, sanctis apostolis Petro et Paulo, omnibus sanctis (et tibi, Pater), quia peccavi nimis, cogitatione, verbo et opere, meâ culpâ, meâ culpâ, meâ maximâ culpâ. Ideò precor beatam Mariam semper virginem, beatum Mi-

Je confesse à Dieu tout-puissant, à la bienheureuse Marie toujours vierge, à saint Michel archange, à saint Jean-Baptiste, aux apôtres saint Pierre et saint Paul, à tous les Saints (et à vous mon Père), que j'ai beaucoup péché, par pensées, par paroles et par actions. C'est ma faute, c'est ma faute, c'est ma très grande faute. C'est pourquoi je supplie la bienheureuse Marie toujours vierge, saint Michel archange, saint Jean-Baptiste, les apôtres saint Pierre et saint Paul, tous les Saints (et vous, mon Père), de prier pour moi le Seigneur notre Dieu.

Que Dieu tout-puissant ait pitié de nous, et qu'après nous avoir pardonné nos péchés, il nous conduise à la vie éternelle! Ainsi soit-il.

Que le Seigneur tout-puissant et miséricordieux nous accorde le pardon, l'absolution et la rémission de nos péchés!

Ainsi soit-il.

chaelem archangelum, beatum Joannem Baptistam, sanctos apostolos Petrum et Paulum, omnes Sanctos (et te, Pater), orare pro me ad Dominum Deum nostrum.

Misereatur nostri omnipotens Deus, et dimissis peccatis nostris, perducat nos ad vitam æternam! Amen.

Indulgentiam, absolutionem et remissionem peccatorum nostrorum tribuat nobis omnipotens et misericors Dominus! Amen.

ACTE DE CONTRITION.

Mon Dieu, j'ai un extrême regret de vous avoir offensé, parce que vous êtes infiniment bon et aimable, et que le péché vous déplaît; je fais un ferme propos, moyennant votre sainte grâce, de ne plus vous offenser et de faire pénitence.

Réciter l'Oraison dominicale, la Salutation angéli que, le Symbole des Apôtres, les actes de Foi, d'Espérance et de Charité, la prière pour le prochain, l'Angelus.

Ajouter : Mon Dieu, veillez sur nous pendant cette nuit pour nous conserver en paix, nous préserver du péché, de mort subite et de tout fâcheux accident.

Que la très sainte Mère de Dieu, les saints Anges et tous les Saints intercèdent pour nous; qu'ils nous obtiennent une nuit tranquille et une heureuse mort. Ainsi soit-il.

———

LITANIES DE LA SAINTE VIERGE.

Kyrie, eleison.	Seigneur, ayez pitié de nous.
Christe, eleison.	Jésus-Christ, ayez pitié de nous.
Kyrie, eleison.	Seigneur, ayez pitié de n.
Christe, audi nos.	Jésus-Christ, écoutez-n.
hriste, exaudi nos.	Jésus-Christ, exaucez-n.
Pater de cœlis, Deus, miserere nobis.	Père céleste, qui êtes Dieu, ayez pitié de nous.
Fili, Redemptor mundi, Deus, miserere nobis.	Fils, Rédempteur du monde, qui êtes Dieu, ayez pitié de nous.

Esprit saint, qui êtes Dieu, ayez pitié de nous.	Spiritus Sancte, Deus, miserere nobis.
Trinité sainte, qui êtes un seul Dieu, ayez pitié de nous.	Sancta Trinitas, unus Deus, miserere nobis.
Sainte Marie, priez.	Sancta Maria, ora.
Sainte Mère de Dieu, priez pour nous.	Sancta Dei genitrix, ora pro nobis.
Sainte Vierge des vierges, priez pour nous.	Sancta Virgo virginum ora.
Mère de Jésus-Christ, priez pour nous.	Mater Christi, ora.
Mère de l'auteur de la grâce, priez pour n.	Mater divinæ gratiæ, ora pro nobis.
Mère très pure, priez.	Mater purissima, ora pro nobis.
Mère très chaste, priez.	Mater castissima, ora pro nobis.
Mère toujours Vierge, pr.	Mater inviolata, ora.
Mère sans tache, priez pour nous.	Mater intemerata, ora pro nobis.
Mère aimable, priez.	Mater amabilis, ora.
Mère admirable, priez pour nous.	Mater admirabilis, ora pro nobis.
Mère du Créateur, priez.	Mater Creatoris, ora.
Mère du Sauveur, priez.	Mater Salvatoris, ora pro nobis.
Vierge très prudente,	Virgo prudentissi-

ma, ora pro nob. — priez pour nous.

Virgo veneranda, ora pro nobis. — Vierge vénérable, priez.

Virgo prædicanda, ora pro nobis. — Vierge digne de louanges, priez pour nous.

Virgo potens, ora. — Vierge puissante, priez.

Virgo clemens, ora pro nobis. — Vierge pleine de bonté, priez pour nous.

Virgo fidelis, ora. — Vierge fidèle, priez.

Speculum justitiæ, ora pro nobis. — Miroir de justice, priez.

Sedes sapientiæ, ora pro nobis. — Trône de la sagesse, pr.

Causa nostræ lætitiæ, ora pro nob. — Cause de notre joie, priez pour nous.

Vas spirituale, ora. — Vase spirituel, priez

Vas honorabile, ora. — Vase d'honneur, priez.

Vas insigne devotionis, ora. — Vase éminent de piété, priez pour nous.

Rosa mystica, ora. — Rose mystique, priez.

Turris Davidica, o. — Tour de David, priez.

Turris eburnea, ora. — Tour d'ivoire, priez.

Domus aurea, ora. — Maison d'or, priez.

Fœderis arca, ora. — Arche d'alliance, priez.

Janua cœli, ora. — Porte du ciel, priez.

Stella matutina, ora. — Etoile du matin, priez

Salus infirmorum, ora pro nobis. — Ressource des infirmes, priez pour nous.

Refugium peccato- — Refuge des pécheurs,

priez pour nous.	rum, ora.
Consolatrice des affligés, priez pour nous.	Consolatrix afflicto-rum, ora pro nob
Secours des chrétiens, priez pour nous.	Auxilium Christia-norum, ora.
Reine des Anges, priez pour nous.	Regina Angelorum, ora pro nobis.
Reine des Patriarches, priez pour nous.	Regina Patriarcha-rum, ora.
Reine des Prophètes, priez pour nous.	Regina Propheta-rum, ora pro n.
Reine des Apôtres, priez pour nous.	Regina Apostolo-rum, ora pro n.
Reine des Martyrs, priez pour nous.	Regina Martyrum, ora pro nobis.
Reine des Confesseurs, priez pour nous.	Regina Confesso-rum, ora pro n.
Reine des Vierges, priez pour nous.	Regina Virginum, ora pro nobis.
Reine de tous les Saints, priez pour nous.	Regina Sanctorum omnium, ora.
Reine conçue sans péché, priez pour nous.	Regina sine labe concepta, ora.
Agneau de Dieu, qui effacez les péchés du monde, pardonnez-nous.	Agnus Dei, qui tollis peccata mundi, parce nobis, Domine.
Agneau de Dieu, qui effacez les péchés du	Agnus Dei, qui tollis peccata mundi,

exaudi nos, Domine.

Agnus Dei, qui tollis peccata mundi, miserere nobis Christe, audi nos.

Christe, exaudi nos.

v. Ora pro nobis, sancta Dei Genitrix ;

r. Ut digni efficiamur promissionibus Christi.

OREMUS.

Gratiam tuam, quæsumus Domine, mentibus nostris infunde, ut qui, Angelo nuntiante, Christi Filii tui Incarnationem cognovimus, per passionem ejus et crucem, ad resurrectionis gloriam perducamur. Per eumdem Christum Dominum nostrum. Amen.

monde, exaucez-nous

Agneau de Dieu, qui effacez les péchés du monde, ayez pitié de Jésus-Christ, écoutez-n. Jésus-Christ, exaucez-n.

v. Priez pour nous, Sainte Mère de Dieu ;

r. Afin que nous devenions dignes des promesses de Jésus-Christ.

PRIONS.

Nous vous supplions, Seigneur, de répandre votre grâce dans nos âmes, afin qu'ayant connu, par la voix de l'Ange, l'Incarnation de Jésus-Christ, votre Fils, nous arrivions, par les mérites de sa passion et de sa croix, à la gloire de la résurrection. Par le même Jésus-Christ Notre-Seigneur.

Ainsi soit-il.

LITANIES DU SACRÉ CŒUR DE JÉSUS.

Seigneur, ayez pitié de nous.
Jésus-Christ, ayez pitié de nous.
Seigneur, ayez pitié de nous.
Jésus-Christ, écoutez-nous.
Jésus-Christ, exaucez-nous.
Père céleste, Dieu tout-puissant, ayez pitié.
Dieu le Fils, Rédempteur du monde, ayez.
Esprit de Dieu, auteur de toute sainteté, ayez.
Très sainte et très adorable Trinité, ayez pitié.
Cœur de Jésus, ayez pitié de nous.
Cœur de Jésus, formé dans le sein d'une mère
    vierge, ayez pitié de nous.
Cœur de Jésus, uni hypostatiquement au Fil
    de Dieu, ayez pitié de nous.
Cœur de Jésus, sanctuaire de la divinité, ayez.
Cœur de Jésus, tabernacle de la très saint
    Trinité, ayez pitié de nous.
Cœur de Jésus, temple de la sainteté, ayez p.
Cœur de Jésus, source de toutes grâces, ayez.
Cœur de Jésus, modèle de douceur et d'humi-
    lité, ayez pitié de nous.
Cœur de Jésus, fournaise d'amour, ayez pitié.
Cœur de Jésus, source de contrition, ayez p.
Cœur de Jésus, trésor de sagesse, ayez pitié.

Cœur de Jésus, océan de bonté, ayez pitié.

Cœur de Jésus, trône de la miséricorde, ayez.

Cœur de Jésus, abîme de toutes les vertus, ayez pitié de nous.

Cœur de Jésus, qui êtes la maison de Dieu et la porte du ciel, ayez pitié de nous.

Cœur de Jésus, trésor qui ne s'épuise jamais, ayez pitié de nous.

Cœur de Jésus, de la plénitude duquel nous avons tout reçu, ayez pitié de nous.

Cœur de Jésus, notre paix et notre réconciliation, ayez pitié de nous.

Cœur de Jésus, accablé de tristesse dans le jardin, ayez pitié de nous.

Cœur de Jésus, affaibli par la sueur de sang, ayez pitié de nous.

Cœur de Jésus, rassasié d'opprobres, ayez p.

Cœur de Jésus, brisé de douleur pour nos péchés, ayez pitié de nous.

Cœur de Jésus, fait obéissant jusqu'à la mort de la croix, ayez pitié de nous.

Cœur de Jésus, percé d'une lance, ayez pitié.

Cœur de Jésus, épuisé de sang sur la croix, ayez pitié de nous.

Cœur de Jésus, refuge des pécheurs, ayez pitié.

Cœur de Jésus, force des justes, ayez pitié.

Cœur de Jésus, consolation des affligés, ayez.

Cœur de Jésus, soutien de ceux qui sont tentés, ayez pitié de nous.

Cœur de Jésus, terreur des démons, ayez pit
Cœur de Jésus, sanctification des cœurs, ay
Cœur de Jésus, persévérance des bons, ay
Cœur de Jésus, espérance des mourants, ay
Cœur de Jésus, la joie des bienheureux, av
Cœur de Jésus, le roi et le centre de tous
 cœurs, ayez pitié de nous.
Agneau de Dieu, qui effacez les péchés
 monde, doux Jésus, pardonnez-nous.
Agneau de Dieu, qui effacez les péchés
 monde, doux Jésus, exaucez-nous.
Agneau de Dieu, qui effacez les péchés
 monde, doux Jésus, ayez pitié de nous.
 v. Sacré cœur de Jésus, ayez pitié de no
 r. Afin que nous soyons faits dignes de vo
aimer de tout notre cœur.

PRIONS.

Grand Dieu, qui, par un excès d'amo
avez rendu aimable à vos fidèles le cœur sa
de notre Seigneur Jésus-Christ, votre Fils, f
tes que nous l'honorions et que nous l'aimio
de telle manière sur la terre, que nous mé
tions de l'aimer, et vous aussi, éternelleme
dans le ciel, par lui et avec lui, d'être étern
lement aimés de vous et de lui. Au nom de
tre Fils, qui vit et règne avec vous et avec
Saint-Esprit, dans tous les siècles des siècl
Ainsi soit-il.

LITANIES DU SACRÉ CŒUR DE MARIE.

Seigneur, ayez pitié de nous.
Jésus-Christ, ayez pitié de nous.
Seigneur, ayez pitié de nous.
Jésus-Christ, écoutez-nous.
Jésus-Christ, exaucez-nous.
Père céleste, Dieu tout-puissant, ayez pitié.
Dieu le Fils, rédempteur du monde, ayez p.
Esprit de Dieu, auteur de toute sainteté, ayez.
Très sainte et très adorable Trinité, ayez pitié.
Cœur de Marie, priez pour nous.
Cœur de Marie, selon le cœur de Dieu, priez.
Cœur de Marie uni à celui de Jésus, priez.
Cœur de Marie, qui êtes l'organe du Saint
   Esprit, priez pour nous.
Cœur de Marie, qui êtes le sanctuaire de l'a-
   dorable Trinité, priez pour nous.
Cœur de Marie, tabernacle d'un Dieu incar-
   né, priez pour nous.
Cœur de Marie, de tous temps exempt de pé-
   ché, priez pour nous.
Cœur de Marie, toujours plein de grâce, priez.
Cœur de Marie, béni par-dessus tous les cœurs,
   priez pour nous.
Cœur de Marie, trône illustre de gloire, priez.
Cœur de Marie, abîne et prodige d'humilité,
   priez pour nous.

Cœur de Marie, holocauste glorieux du divin amour, priez pour nous.

Cœur de Marie, cloué à la croix avec Jésus priez pour nous.

Cœur de Marie, consolation des affligés, priez

Cœur de Marie, refuge des pécheurs, priez

Cœur de Marie, espérance des agonisants, priez

Cœur de Marie, siège de la miséricorde, priez

Agneau de Dieu, qui effacez les péchés du monde, pardonnez-nous, Seigneur.

Agneau de Dieu, qui effacez les péchés du monde, exaucez-nous, Seigneur.

Agneau de Dieu, qui effacez les péchés du monde, ayez pitié de nous, Seigneur.

v. Permettez-moi de vous louer, Vierge sacrée

R. Donnez-moi de la force contre vos ennemis.

PRIONS.

Sainte Marie, Mère de notre Seigneur Jésus-Christ, et la maîtresse du monde, vous qui n'abandonnez et ne dédaignez personne, regardez-moi d'un œil de compassion, obtenez-moi de votre Fils bien-aimé le pardon de tous mes péchés, afin qu'après avoir chanté les louanges et les mérites de votre cœur saint et immaculé, je remporte le prix de la béatitude éternelle, par les mérites de Jésus-Christ, notre Seigneur, que vous avez enfanté, et qui vit, etc.

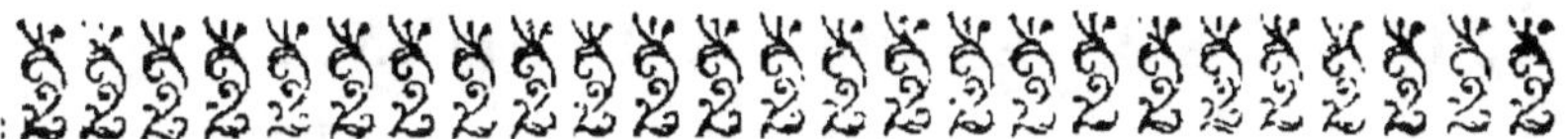

'SAUMES DE LA PÉNITENCE.

PSAUME 6.

Seigneur, ne me reprenez pas dans votre ureur, et ne me châtiez pas dans votre colère.

Ayez pitié de moi, Seigneur, parce que je uis faible ; guérissez-moi, parce que ma force est vivement ébranlée.

Mon âme est agitée d'un grand trouble; mais vous, Seigneur, jusques à quand ?...

Tournez-vous vers moi, Seigneur, et délivrez mon âme; sauvez-moi à cause de votre miséricorde.

Car nul ne se souvient de vous dans la mort : et qui publiera vos louanges dans l'enfer ?

Je me suis fatigué à gémir : chaque nuit je baigne ma couche de mes pleurs, et j'arrose mon lit de mes larmes.

L'indignation et la douleur ont obscurci

mes yeux, en pensant que j'ai vieilli au milieu de mes ennemis.

Eloignez-vous de moi, vous tous qui commettez l'iniquité, car le Seigneur a entendu ma voix : il a fait grâce à mes larmes.

Le Seigneur a exaucé ma prière ; il a accueilli mes vœux.

Que tous mes ennemis rougissent, et soient saisis d'un grand trouble : qu'ils prennent la fuite, et soient couverts de honte à l'instant.

Gloire au Père, etc.

PSAUME 31.

Heureux ceux dont les iniquités ont été remises, et dont les péchés sont couverts de pardon.

Heureux l'homme à qui le Seigneur n'a point imputé le péché, et dont l'esprit ignore le déguisement et l'artifice.

Parce que je me suis tû sur mon péché, mes forces se sont consumées, pendant que je poussais tout le jour des cris de douleur.

Parce que votre main s'est appesantie sur moi jour et nuit, je me suis tourné çà et là dans ma détresse, tandis que l'épine du remords s'enfonçait dans mon cœur.

Enfin, je vous ai fait l'aveu de mon péché, et je n'ai plus caché mon injustice.

J'ai dit : Je confesserai contre moi mon iniquité ; je la confesserai au Seigneur ; et vous m'avez remis l'impiété de mon péché.

C'est pour cela que l'homme de bien vous invoquera dans le temps propice.

Et certes, lorsque viendra le déluge des grandes eaux, elles n'approcheront point de lui.

Vous êtes ma forteresse contre la tribulation qui m'a investi ; vous êtes ma joie ; délivrez-moi des maux qui m'environnent.

Je te donnerai l'intelligence, me dites-vous, je t'instruirai dans cette voie où tu dois marcher ; je fixerai sur toi mes regards.

Vous avez dit aux hommes : Ne devenez pas semblable au cheval et au mulet qui n'ont point d'intelligence.

O Seigneur ! maîtrisez avec la bride et le frein la bouche de ceux qui refusent de s'approcher de vous.

De nombreux fléaux sont réservés au pécheur ; mais la miséricorde environnera celui qui espère dans le Seigneur.

Justes, réjouissez-vous en lui, et tressaillez d'allégresse ; mettez en lui votre gloire, vous tous qui avez le cœur droit.

Gloire au Père, etc.

PSAUME 37.

Seigneur, ne me reprenez pas dans votre fureur et ne me châtiez pas dans votre colère.

Car vos flèches m'ont percé de toutes parts, et vous avez appesanti sur moi votre main.

Il n'y a rien de sain dans mon corps à l'aspect de votre colère; il n'y a plus de paix pour moi, et la vue de mes péchés porte le trouble jusqu'à la moelle de mes os.

Car mes iniquités se sont élevées au-dessus de ma tête; elles pèsent sur moi comme un intolérable fardeau.

La pourriture et la corruption se sont formées dans mes plaies, à cause de ma folie et de mon aveuglement.

Je suis devenu misérable, et j'ai été courbé entièrement vers la terre : toute la journée je marchais accablé de tristesse.

Parce que mon intérieur est rempli de passions ignominieuses, et qu'il n'y a rien de sain dans ma chair.

Je suis tombé dans l'excès de l'affliction et de l'humiliation; et le cri de mon cœur est comme un rugissement.

Seigneur, tous mes désirs sont devant vous, et mes gémissements ne vous sont point cachés.

Mon cœur est agité d'un grand trouble ; ma force m'a abandonné, ainsi que la lumière de mes yeux, et celle-ci n'est plus avec moi.

Mes amis et mes proches sont venus m'attaquer, et se sont élevés contre moi.

Ceux qui étaient à mes côtés se sont tenus à l'écart, et ceux qui en voulaient à ma vie ont employé la violence pour me l'ôter.

Ceux qui cherchaient à me faire du mal ont répandu contre moi des calomnies ; ils méditaient tous les jours de nouveaux artifices.

Pour moi, j'étais comme sourd à toutes leurs injures ; j'étais comme un homme muet qui ne peut ouvrir la bouche.

Je suis devenu comme celui qui n'entend rien, et qui n'a point de réplique sur sa langue.

Parce que j'ai espéré en vous, vous m'exaucerez, ô Seigneur mon Dieu.

J'ai dit : Que je ne sois point un sujet de joie pour mes ennemis ; car, dès qu'ils ont vu mes pieds chanceler, ils ont tenu des discours audacieux contre moi.

Je suis d'ailleurs préparé à tous les fléaux, et ma douleur est toujours présente à mes yeux.

Je déclarerai moi-même mon iniquité, et

je penserai sans cesse à exper mon péché.

Quant à mes ennemis, ils sont pleins de vie et de force contre moi, et ceux qui me haïssent injustement se sont multipliés.

Ceux qui rendent le mal pour le bien me déchirent sans cesse, parce que je veux m'attacher au bien.

Ne m'abandonnez pas, Seigneur, mon Dieu ; ne vous éloignez point de moi.

Soyez attentif à me porter secours, Seigneur, Dieu de mon salut.

Gloire au Père, etc.

PSAUME 50.

Ayez pitié de moi, ô mon Dieu ! selon la grandeur de vos miséricordes.

Et, selon la multitude de vos bontés, effacez mon iniquité.

Lavez-moi de plus en plus de mon iniquité, et purifiez-moi de mon péché.

Car je connais mon injustice, et mon crime est toujours vis-à-vis de moi.

C'est devant vous seul que j'ai péché, j'ai fait le mal sous vos yeux ; en sorte que vous serez trouvé fidèle dans votre témoignage, et que vous l'emporterez quand on voudra vous juger.

Vous savez que j'ai été formé dans l'iniquité, et que ma mère m'a conçu dans le péché.

Ô Dieu ! vous aimez la vérité, vous m'avez manifesté les secrets obscurs et cachés de votre sagesse.

Vous m'arroserez avec l'hysope, et je serai purifié ; vous me laverez, et je deviendrai plus blanc que la neige.

Vous me ferez entendre des paroles de joie et de consolation, et mes os abattus tressailleront d'allégresse.

Détournez votre vue de mes péchés, et effacez toutes mes iniquités.

Créez en moi un cœur pur, ô mon Dieu ! et renouvelez dans mon intérieur l'esprit de droiture.

Ne me rejetez pas de votre présence, et n'éloignez pas de moi votre Esprit saint.

Rendez-moi la joie de votre salut, et fortifiez-moi de votre Esprit souverain.

J'enseignerai vos voies aux méchants, et les impies se convertiront à vous.

Ô Dieu ! Dieu mon Sauveur, délivrez-moi du sang iniquement versé, et ma langue célébrera votre justice.

Seigneur, vous ouvrirez mes lèvres, et ma bouche publiera vos louanges.

Car si vous aviez désiré un sacrifice, je vous l'aurais offert ; mais vous ne prenez point de plaisir aux holocaustes.

Le sacrifice qui plaît à Dieu, c'est un cœur pénétré de douleur; vous ne mépriserez pas, ô Dieu! un cœur contrit et humilié.

Faites encore éprouver à Sion les doux effets de votre bonté propice, et que l'on voie s'élever les murs de Jérusalem.

Alors vous agréerez le sacrifice de justice, les holocaustes; alors on immolera sur votre autel des victimes d'actions de grâces.

Gloire au Père, etc.

PSAUME 101.

Seigneur, écoutez ma prière, et que mes cris parviennent jusqu'à vous.

Ne détournez pas de moi vos regards, et, en quelques instants que je me trouve affligé, prêtez l'oreille à ma voix.

En quelque moment que je vous invoque, hâtez-vous de m'exaucer.

Car mes jours se sont évanouis comme la fumée, et mes os se sont desséchés comme le sarment.

J'ai été frappé comme l'herbe que l'on fauche, et mon cœur s'est flétri, parce que j'ai oublié de prendre ma nourriture.

A force de pousser des gémissements, ma peau s'est attachée à mes os.

Je suis devenu semblable au pélican du desert ; je suis devenu comme un hibou retiré dans une masure.

Je veillais sans cesse, et je suis devenu comme le passereau solitaire sur le toit qu'il habite.

Tout le jour, mes ennemis me faisaient des reproches, et ceux qui m'avaient donné des louanges conjuraient contre moi.

Parce que la cendre couvrait le pain que je mangeais, et que ma boisson était mêlée de larmes.

J'en agissais ainsi, ô mon Dieu, à la vue de votre colère et de votre indignation ; car, après m'avoir élevé, vous m'avez brisé contre terre.

Mes jours ont décliné comme l'ombre, et je me suis desséché comme l'herbe qui se fane.

Pour vous, Seigneur, vous demeurerez le même éternellement, et le témoignage de vos grandeurs passera de génération en génération.

Vous vous lèverez enfin, et vous aurez pitié de Sion : voici le temps d'avoir pitié d'elle ; oui, le temps en est venu.

Car les pierres de Sion sont chères à vos serviteurs, et ils s'attendriront sur cette terre bien-aimée.

Alors les nations craindront votre nom, Seigneur, et tous les rois de la terre connaîtront votre gloire.

Parce que c'est le Seigneur qui a bâti Sion, et il sera vu dans sa gloire.

Il a tourné ses regards vers la demande des humbles, et il n'a point méprisé leur prière.

Que ceci soit écrit pour la génération future, et le peuple qui doit naître louera le Seigneur.

Car le Seigneur a regardé du haut de son sanctuaire; du ciel il a jeté les yeux sur la terre,

Pour entendre les gémissements des captifs, et affranchir les enfants de ceux qui ont été mis à mort;

Afin qu'ils annoncent dans Sion le nom du Seigneur, et qu'ils publient ses louanges dans Jérusalem.

Lorsque les peuples et les rois se réuniront en une même société pour servir le Seigneur.

Votre serviteur vous a dit, au milieu de sa force : Mon Dieu, faites-moi connaître le petit nombre de mes jours.

Ne me rappelez pas au milieu de ma carrière, ô vous dont les années s'étendent de génération en génération.

Au commencement, Seigneur, vous avez créé la terre, et les cieux sont l'ouvrage de vos mains.

Ils passeront, mais vous demeurerez ; ils vieilliront comme un vêtement.

Vous les changerez comme un manteau, et ils changeront ; mais vous, vous êtes toujours le même, et vos années ne finiront point.

Les enfants de vos serviteurs habiteront avec vous ; et leur postérité sera à jamais sous votre conduite.

Gloire au Père, etc.

PSAUME 129.

Du fond de l'abîme, j'ai crié vers vous, Seigneur : écoutez ma voix.

Que vos oreilles se rendent attentives au cri de ma prière.

Si vous tenez un compte exact des iniquités, Seigneur, qui soutiendra ce compte rigoureux ?

Mais dans vous est le pardon ; et, à cause de votre loi, je vous ai attendu, Seigneur.

Mon âme a attendu le Seigneur à cause de sa parole ; mon âme a espéré dans le Seigneur.

Que dès le point du jour, jusqu'à la nuit écoulée, Israël espère dans le Seigneur.

Parce que dans le Seigneur est la miséricorde, et qu'en lui se trouve une abondante rédemption.

Et lui-même il rachètera Israël de toutes ses iniquités.

Gloire au Père, etc.

PSAUME 142.

Seigneur, écoutez ma prière ; prêtez à mes vives instances une oreille attentive, selon la vérité de vos promesses : exaucez-moi selon votre justice.

Mais n'entrez pas en jugement avec votre serviteur : car nul homme vivant ne sera justifié en votre présence.

L'ennemi a poursuivi mon âme ; il a répandu l'abjection sur ma vie, en me courbant vers la terre.

Il m'a plongé dans les ténèbres, comme ceux qui sont morts depuis longtemps ; et mon esprit a été saisi d'angoisse, et le trouble a pénétré jusqu'au fond de mon cœur.

Alors je me suis souvenu des jours anciens ; j'ai médité surtout vos ouvrages et je me suis occupé des chefs-d'œuvre de vos mains.

J'ai étendu mes mains vers vous : mon âme est devant vous comme une terre sans eau.

Exaucez-moi promptement, Seigneur : mon esprit est en défaillance.

Ne détournez pas de moi votre visage ; car

je deviendrais semblable à ceux qui descendent dans le tombeau.

Faites-moi entendre dès le matin la voix de votre miséricorde, parce que j'ai espéré en vous.

Faites-moi connaître la voie dans laquelle je dois marcher; car je tiens mon âme élevée vers vous.

Délivrez-moi de mes ennemis, Seigneur; c'est à vous que j'ai recours; enseignez-moi à faire votre volonté, puisque c'est vous qui êtes mon Dieu.

Votre esprit de bonté me conduira dans une terre où règne la droiture; pour la gloire de votre nom, Seigneur, vous me ferez vivre dans votre justice.

Vous retirerez mon âme de l'affliction; et selon votre miséricorde envers moi, vous dissiperez mes ennemis.

Et vous perdrez tous ceux qui affligent mon âme, parce que je suis votre serviteur.

Gloire au Père, etc.

Ant. Seigneur, ne vous souvenez point de nos fautes ni de celles de nos proches; et ne tirez point vengeance des péchés que nous avons commis.

L'ORDINAIRE DE LA MESSE.

PRIÈRE AVANT LA MESSE.

L'œuvre de Dieu par excellence, c'est l'adorable sacrifice, et « malheur à qui la ferait négligemment (1) ! » S'il est un lieu saint sur la terre, c'est bien cet autel, où va descendre l'auguste victime immolée pour les pechés du monde.

Souffrirez-vous, ô mon Dieu, que de toutes les grâces qui vont tomber du ciel, je n'en recueille aucune, et que je me retire les mains vides ?

Au moment où la prière va monter comme l'encens, et où les anges vont accourir, confondus dans une muette adoration, se pourra-t-il que je ne trouve dans mon pauvre cœur ni un hommage pour tant de majesté, ni une

(1) Jerem. XLVIII, 10.

louange pour tous ces bienfaits, ni un soupir pour mes péchés?

Oh non! Puisque la céleste manne va descendre, je la veux cueillir; puisque la douce rosée de la grâce va couler, mon âme ne peut demeurer comme une terre sans eau, condamnée à la stérilité. Vous l'avez dit, ô mon Maître : « Quand je serai élevé de terre, j'attirerai tout à moi (1). » De grâce, ne me repoussez pas, et n'interdisez pas à un pécheur qui se repent l'entrée de ce nouveau Cénacle. Ainsi soit-il!

Le Prêtre, au pied de l'Autel, fait le signe de la croix.

LE PRÊTRE. In nomine Patris, et Filii, et Spiritûs Sancti. Amen!

Au nom du Père, et du Fils, et du Saint-Esprit. Ainsi soit-il.

Introibo ad altare Dei,

Je monterai à l'autel de Dieu;

LES FIDÈLES. Ad Deum qui lætificat

De Dieu, joie de ma jeunesse.

(1) Joan. XII, 32.

O Dieu, jugez-moi, et distinguez ma cause de celle d'une nation impie, délivrez-moi de l'homme inique et fallacieux.

Car c'est vous, ô Dieu, qui êtes ma force. Pourquoi me repousser, et pourquoi la tristesse accompagne-t-elle mes pas, tandis que l'ennemi m'afflige?

Envoyez votre lumière et votre vérité; elles me guideront et me conduiront vers votre montagne sainte et jusque dans vos tabernacles.

Et je monterai à l'autel de Dieu, de Dieu joie de ma jeunesse.

Je vous chanterai sur la harpe, ô Dieu, ô mon Dieu! D'où vient tant de

juventutem meam.

LE P. Judica me Deus, et discerne causam meam de gente non sanctâ, ab homine iniquo et doloso erue me.

LES F. Quia tu es, Deus, fortitudo mea : quarè me repulisti? et quarè tristis incedo, dùm affligit me inimicus?

LE P. Emitte lucem tuam et veritatem tuam; ipsa me deduxerunt et adduxerunt in montem sanctum tuum et in tabernacula tua.

LES F. Et introibo ad altare Dei, ad Deum qui lætificat juventutem meam.

LE P. Confitebor tibi in cithara, Deus! Deus meus!

Quare tristis es, anima mea, et quarè conturbas me?

tristesse, ô mon âme, et pourquoi me troubler?

LES F. Spera in Deo, quoniam adhuc confitebor illi, salutare vultûs mei et Deus meus.

Espère en Dieu, car je le chanterai encore; il est le salut qui rendra la serénité à mes traits; il est mon Dieu.

LE P. Gloria Patri et Filio et Spiritui Sancto!

Gloire au Père, et au Fils, et au Saint-Esprit.

LES F. Sicut erat in principio et nunc et semper, et in secula seculorum. Amen.

Maintenant et toujours, et dans les siècles des siècles, comme dans le principe. Ainsi soit-il.

Au temps de la Passion et aux Messes des Morts, la Messe ne commence qu'ici.

LE P. Introibo ad altare Dei;

Je monterai à l'autel de Dieu;

LES F. Ad Deum qui lætificat juventutem meam.

De Dieu, joie de ma jeunesse.

LE P. Adjutorium nostrum in nomine Domini.

Notre secours est dans le nom du Seigneur.

Qui a fait le ciel et la terre.

LES F. Qui fecit cœlum et terram.

Le Prêtre récite le Confiteor, *et on répond :*

Que Dieu tout-puissant ait pitié de vous, et que, après vous avoir pardonné vos péchés, il vous conduise à la vie éternelle.

LES F. Misereatur tuî omnipotens Deus, et, dimissis peccatis tuis, perducat te ad vitam æternam.

Ainsi soit-il.

LE P. Amen.

Je confesse à Dieu tout-puissant, à la bienheureuse Marie toujours vierge, au bienheureux Michel Archange, au bienheureux Jean Baptiste, aux apôtres saint Pierre et saint Paul, à tous les saints, et à vous, mon père, que j'ai excessivement péché en pensées, paroles et actions; par ma faute, par ma faute, par ma très grande faute.

LES F. Confiteor Deo omnipotenti, beatæ Mariæ semper virgini, beato Michaeli Archangelo, beato Joanni Baptistæ, sanctis Apostolis Petro et Paulo, omnibus sanctis, et tibi, pater, quia peccavi nimis cogitatione, verbo et opere : meâ culpâ, meâ culpâ, meâ maxima culpâ.

C'est pourquoi je prie

Ideò precor beatam Mariam semper virginem, beatum Michaelem archangelum, beatum Joannem Baptistam, sanctos apostolos Petrum et Paulum, omnes sanctos, et te, pater, orare pro me ad Dominum Deum nostrum.

la bienheureuse Marie toujours vierge, le bienheureux Michel Archange, le bienheureux Jean-Baptiste, les apôtres saint Pierre et saint Paul, tous les saints, et vous, mon père, d'intercéder pour moi auprès du Seigneur notre Dieu.

Le Prêtre prie pour les Assistants et pour lui-même.

LE P. Misereatur vestrî omnipotens Deus : et, dimissis peccatis vestris, perducat vos ad vitam æternam.

Que Dieu tout-puissant ait pitié de vous, et que, après vous avoir pardonné vos péchés, il vous conduise à la vie éternelle.

LES F. Amen.

Ainsi soit-il.

LE P. Indulgentiam, absolutionem et remissionem peccatorum nostrorum tribuat nobis omnipotens

Que le Seigneur tout-puissant et tout miséricordieux nous accorde l'indulgence, l'absolution et la rémission de nos péchés.

Ainsi soit-il.

Dieu, tournez-vous vers nous, et vous nous donnerez la vie ;

Et votre peuple se réjouira en vous.

Montrez-nous, Seigneur, votre miséricorde.

Et donnez-nous votre salut.

Seigneur, écoutez ma prière.

Et que le cri de mon âme s'élève jusqu'à vous.

Que le Seigneur soit avec vous,

Et avec votre esprit.

et misericors Dominus.

LES F. Amen

LE P. Deus, tu conversus, vivificabis nos.

LES F. Et plebs tua lætabitur in te.

LE P. Ostende nobis, Domine, misericordiam tuam.

LES F. Et salutare tuum da nobis.

LE P. Domine, exaudi orationem meam.

LES F. Et clamor meus ad te veniat.

LE P. Dominus vobiscum,

LES F. Et cum spiritu tuo.

Le Prêtre, montant à l'Autel, dit :

Seigneur, effacez, s'il vous plaît, nos péchés, afin que nous approchions du Saint des Saints avec une entière pureté de cœur. Par J.-C N. S.

Le Prêtre, baisant l'autel, dit :

Nous vous prions, Seigneur, par les mérites des saints dont les reliques sont ici, et par ceux de tous les saints, de daigner nous pardonner nos péchés. Ainsi soit-il.

Après l'Introït, le Prêtre et les assistants disent trois fois alternativement :

Kyrie, eleison. *(trois fois.)*	Seigneur, ayez pitié de nous.
Christe, eleison. *(trois fois.)*	Christ, ayez pitié de nous.
Kyrie, eleison. *(trois fois.)*	Seigneur, ayez pitié de nous.
Gloria in excelsis Deo ;	Gloire à Dieu dans le ciel ;
Et in terrâ pax hominibus bonæ voluntatis.	Et paix sur la terre aux hommes de bonne volonté.
Laudamus te.	Nous vous louons.
Benedicimus te.	Nous vous bénissons.
Adoramus te.	Nous vous adorons.
Glorificamus te.	Nous vous glorifions.
Gratias agimus tibi propter magnam gloriam tuam.	Nous vous rendons grâces de votre grande gloire.
Domine Deus, rex cœlestis ; Deus, Pater omnipotens.	Seigneur Dieu, roi du ciel, Dieu, Père tout-puissant.

Seigneur, Fils unique, Jésus-Christ;

Seigneur Dieu, Agneau de Dieu, Fils du Père;

O vous, qui ôtez les péchés du monde, ayez pitié de nous.
O vous, qui ôtez les péchés du monde, agréez nos supplications.

O vous, qui êtes assis à la droite du Père, ayez pitié de nous.
Car vous seul êtes saint,

Vous seul Seigneur,

Vous seul Très-Haut, ô Jésus-Christ;
Avec le Saint-Esprit, dans la gloire de Dieu le Père. Ainsi soit-il.
Que le Seigneur soit avec vous,
Et avec votre esprit.

Domine, Fili unigenite, Jesu Christe :

Domine Deus, agnus Dei, Filius Patris :

Qui tollis peccata mundi, miserere nobis;
Qui tollis peccata mundi, suscipe deprecationem nostram.

Qui sedes ad dexteram Patris, miserere nobis :
Quoniam tu solus sanctus;

Tu solus Dominus;

Tu solus altissimus, Jesu Christe;
Cum Sancto Spiritu, in gloriâ Dei Patris. Amen.
Dominus vobiscum,
LES F. Et cum spiritu tuo.

Prière pendant les Oraisons.

Toute l'Eglise vous prie en corps, ô mon Dieu, par la bouche du prêtre ; je me joins à elle, autant que je puis, pour vous demander tout ce qu'elle vous demande. Accordez-moi votre amour, le pardon de mes péchés, la charité pour mon prochain, et les vertus que je suis obligé de pratiquer dans mon état ; exaucez-nous, Seigneur : nous vous demandons ces grâces par Jésus-Christ, votre Fils, etc.

Avant l'Epître.

Seigneur, qui avez parlé aux hommes en diverses manières, par les Prophètes et par les Apôtres, donnez-moi l'intelligence de votre sainte parole ; faites que je l'entende avec soumission, qu'elle pénètre mon cœur, qu'elle soit l'objet de tous mes désirs, et la règle de mes mœurs.

Pendant le Graduel.

O Dieu, qui donnez la lumière de votre Esprit à ceux qui sont dans l'égarement, afin qu'ils puissent retourner dans la voie de la justice, faites la grâce à ceux qui portent la qualité de Chrétiens de rejeter tout ce qui est contraire à cet auguste nom, et de remplir parfaitement les devoirs de cette sainte profession.

Avant l'Evangile, le Prêtre dit.

Purifiez mon cœur et mes lèvres, ô Dieu tout-puissant, qui avez purifié les lèvres du prophète Isaïe avec un charbon ardent; qu'il vous plaise me purifier de telle sorte, que je puisse annoncer dignement votre saint Evangile. Par Jésus-Christ notre Seigneur.

Bénissez-moi, Seigneur.

Que le Seigneur soit dans mon cœur et sur mes lèvres, afin que j'annonce dignement son saint Evangile. Ainsi soit-il.

Que le Seigneur soit avec vous,	LE P. Dominus vobiscum,
Et avec votre esprit.	LES F. Et cum spiritu tuo.
Commencement *ou* Suite du saint Evangile selon saint *N...*	Initium *vel* Sequentia sancti Evangelii secundùm *N...*
Gloire vous soit rendue, ô Seigneur.	Gloria tibi, Domine.

Pendant l'Evangile.

Quelle bouche assez pure, ô mon Dieu, pour

annoncer votre Evangile! quelles oreilles assez chastes pour l'écouter! quel cœur assez saint pour le recevoir, ô mon Dieu, si votre grâce me les prépare! Faites-moi vivre de la foi de l'Evangile de Jésus-Christ votre Fils; faites qu'après l'avoir reçu avec respect, je l'observe avec fidélité, et que j'en fasse la règle de ma conduite.

A la fin de l'Evangile.

LES F. Laus tibi, Christe. | Louange à vous, Christ.

Après l'Evangile.

Que nos péchés soient effacés par les paroles du saint Evangile.

C'est ici qu'aux messes solennelles se fait le Prône ou l'instruction qui en doit tenir la place. Le Credo se chante ensuite comme acte de foi soit sur les grandes vérités de la religion, soit sur celles que le prêtre vient d'annoncer.

Credo in unum Deum, | Je crois en un seul Dieu,

Patrem omnipotentem, factorem cœli et terræ, visi- | Père tout-puissant, créateur du ciel et de la terre, de tous les objets visibles et invisibles.

Je crois aussi en un seul Seigneur Jésus-Christ, Fils unique de Dieu;

Né du Père avant tous les siècles;

Dieu de Dieu, lumière de lumière; vrai Dieu de vrai Dieu;

Engendré mais non créé, consubstantiel au Père, par lequel tout a été fait;

Qui est descendu des cieux pour l'amour de nous autres hommes, et en vue de notre salut;

Qui s'est incarné par l'opération du Saint-Esprit, dans le sein de la Vierge Marie, ET S'EST FAIT HOMME;

Qui a été crucifié pour

bilium omnium et invisibilium.

Et in unum Dominum Jesum Christum, Filium Dei unigenitum.

Et ex Patre natum ante omnia sæcula.

Deum de Deo, lumen de lumine, Deum vero de Deo vero.

Genitum non factum, consubstantialem Patri, per quem omnia facta sunt.

Qui propter nos homines et propter nostram salutem descendit de cœlis.

Et incarnatus est de Spiritu Sancto ex Mariâ Virgine, ET HOMO FACTUS EST.

Crucifixus etiam

pro nobis, sub Pontio Pilato, passus et sepultus est.

Et resurrexit tertiâ die secundùm scripturas.

Et ascendit in cœlum, sedet ad dexteram Patris.

Et iterùm venturus est cum gloria judicare vivos et mortuos, cujus regni non erit finis.

Et in Spiritum Sanctum, Dominum et vivificantem : qui ex Patre, Filioque procedit.

Qui cum Patre et Filio simul adoratur et conglorificatur; qui locutus est per prophetas.

Et unam, sanc-

nous, sous Ponce Pilate, a souffert et a été enseveli;

Qui est ressuscité le troisième jour, selon les écritures;

Qui est monté au ciel, où il est assis à la droite du Père.

Et qui reviendra un jour, plein de gloire, juger les vivants et les morts, et dont le règne n'aura point de fin.

Je crois aussi en l'Esprit Saint, Seigneur et vivifiant, qui procède du Père et du Fils;

Qui est adoré et glorifié avec le Père et le Fils; qui a parlé par les prophètes.

Je crois aussi en l'E-

glise, une, sainte, catho- | tam, catholicam et
lique et apostolique ; | apostolicam Eccle-
| siam.

Je confesse qu'il n'y a | Confiteor unum
qu'un baptême pour la | baptisma in re-
rémission des péchés. | missionem pecca-
| torum.

Et j'attends la résurrec- | Et expecto resur-
tion des morts ; | rectionem mortuo-
| rum.

Et la vie du siècle à | Et vitam ven-
venir. Ainsi soit-il. | turi seculi. Amen

Que le Seigneur soit | Dominus vobis-
avec vous, | cum.

Et avec votre esprit. | LES F. Et cum
| spiritu tuo.

Le Prêtre dit l'Offertoire et fait la bénédiction du pain aux messes solennelles

OBLATION DE L'HOSTIE.

Recevez, ô Père saint, Dieu tout-puissant et éternel, cette hostie sans tache, que je vous offre, tout indigne que je suis de ce ministère, comme à mon Dieu vivant et véritable, pour mes péchés, mes offenses et mes négligences qui sont sans nombre, et pour tous les assis-

ants ; je vous l'offre aussi pour tous les fidè-
es Chrétiens vivants et morts, afin qu'elle
soit pour eux et pour moi un gage du salut
éternel.

Le Prêtre met le vin et l'eau dans le Calice.

O Dieu, qui, par un miracle de votre toute-
puissance, avez créé l'homme dans un si noble
état, et qui l'avez rétabli dans sa dignité par
une plus grande merveille, faites-nous la
grâce, par le mystère de cette eau et de ce vin,
d'avoir un jour part à la divinité de celui qui
a daigné se revêtir de notre humanité, Jésus-
Christ votre Fils Qui, étant, etc.

OBLATION DU CALICE

Seigneur, nous vous offrons le calice du
salut, suppliant votre bonté de le faire monter
en odeur de suavité, en présence de votre divine Majesté, pour notre salut et celui de tout
le monde. Ainsi soit-il.

Nous nous présentons devant vous, Seigneur, avec un esprit humilié et un cœur contrit : recevez-nous, et faites que notre sacrifice
s'accomplisse aujourd'hui devant vous d'une
manière qui vous le rende agréable, ô Seigneur
notre Dieu!

Venez, Sanctificateur tout-puissant, Dieu éternel, et bénissez ce sacrifice préparé pour la gloire de votre saint nom.

Le Prêtre lave ses doigts.

Je laverai mes mains avec les justes, et je m'approcherai de votre autel, Seigneur, afin d'entendre publier vos louanges, et de raconter toutes vos merveilles. Seigneur, j'ai aimé la beauté de votre maison, et le lieu où réside votre gloire. O Dieu, ne perdez pas mon âme avec les impies, et ma vie avec les hommes de sang, qui ont les mains remplies d'injustice, et la droite pleine de présents. Pour moi, j'ai marché dans l'innocence ; délivrez-moi et ayez pitié de moi ; mon pied est demeuré ferme dans la droite voie : je vous bénirai, Seigneur, dans les assemblées des fidèles.

Gloire soit au Père, au Fils, et au Saint-Esprit, à présent et toujours, etc.

Le Prêtre s'incline, et dit :

Recevez, ô Trinité sainte, cette oblation que nous vous offrons en mémoire de la Passion, de la Résurrection et de l'Ascension de Jésus-Christ notre Seigneur, et en l'honneur de la bienheureuse Marie toujours Vierge, de saint

Jean-Baptiste, des apôtres saint Pierre et saint Paul, de ceux-ci et de tous les autres saints, afin qu'elle soit à leur honneur et pour notre salut; et aussi afin qu'ils daignent dans les cieux intercéder pour nous qui renouvelons leur mémoire sur la terre. Par le même J.-C. N. S. Ainsi soit-il.

Le Prêtre baise l'autel, et dit : Orate, fratres.

Priez, mes frères, afin que mon sacrifice, qui est aussi le vôtre, soit agréable à Dieu le Père tout-puissant.

LES F. Suscipiat Dominus hoc sacrificium de manibus tuis ad laudem et gloriam nominis sui, ad utilitatem quoque nostram, totiusque Ecclesiæ suæ sanctæ.

Que le Seigneur reçoive de vos mains ce sacrifice pour la louange et la gloire de son nom, pour notre utilité et pour celle de toute sa sainte Église.

Le Prêtre dit : Amen, *et la Secrète.*

PRÉFACE ORDINAIRE.

Per omnia secula seculorum.

Pendant tous les siècles des siècles.

LES F. Amen.

Ainsi soit-il.

Que le Seigneur soit avec vous,	LE P. Dominus vobiscum,
Et avec votre esprit	LES F. Et cum spritu tuo.
Elevez vos cœurs.	LE P. Sursùm corda.
Nous les élevons vers le Seigneur.	LES F. Habemus ad Dominum.
Rendons grâces au Seigneur notre Dieu.	LE P. Gratias agamus Domino Deo nostro.
Rien n'est si juste et si convenable.	LES F. Dignum et justum est.

Il est juste, et véritablement il est équitable et salutaire de vous rendre grâces en tout temps et en tout lieu, ô Seigneur, Père saint, Dieu tout-puissant et éternel; c'est par Jésus-Christ notre Seigneur que les Anges louent votre majesté; que les Dominations l'adorent; que les Puissances la craignent et la revèrent, et que les Cieux, les Vertus des Cieux, et les bienheureux Séraphins célèbrent ensemble votre gloire avec des transports de joie. Nous vous prions de recevoir nos voix que nous unissons avec les leurs, pour chanter avec eux, prosternés devant vous.

Saint, Saint, Saint, le Seigneur Dieu des armées.	Sanctus, Sanctus, Sanctus, Do-

minus Deus Sabaoth. Pleni sunt cœli et terra gloriâ tuà. Hosanna in excelsis. Benedictus qui venit in nomine Domini : Hosanna in excelsis.

Les cieux et la terre sont remplis de votre gloire. Louange à Dieu au haut des cieux. Béni soit celui qui vient au nom du Seigneur. Louange à Dieu au haut des cieux.

CANON DE LA MESSE.

Nous vous supplions donc, Père très miséricordieux, et nous vous demandons, par Jésus-Christ Notre Seigneur, votre Fils, d'agréer et de bénir ces dons, ces présents, ces saints sacrifices sans tache, que nous vous offrons pour votre sainte Eglise catholique, afin qu'il vous plaise de lui donner la paix, de la garder, de la maintenir dans l'union, et de la gouverner par toute la terre, avec *N.* notre Pape, votre serviteur, notre prélat *N.*, notre Souverain *N.*, et tous les orthodoxes et observateurs de la foi catholique et apostolique.

Mémoire des vivants.

Souvenez-vous, Seigneur, de vos serviteurs et de vos servantes *N. N.*, et de tous ceux qui assistent à ce sacrifice, dont vous connaissez la foi et la piété, pour qui nous vous offrons, ou qui vous offrent ce sacrifice de louanges, pour eux-mêmes et pour tous ceux qui leur appartiennent, pour la rédemption de leurs âmes, pour l'espérance de leur salut et de leur conservation, et qui vous rendent leurs vœux comme à un Dieu éternel, vivant et véritable.

Participant à une même communion, et honorant la mémoire en premier lieu de la glorieuse Vierge Marie, mère de Jésus-Christ, notre Dieu et notre Seigneur, de vos bienheureux apôtres et martyrs Pierre et Paul, André, Jacques, Jean, Thomas, Jacques, Philippe, Barthélemy, Mathieu, Simon, Thadée, Lin, Clet, Clément, Xiste, Corneille, Cyprien, Laurent, Chrysogone, Jean et Paul, Côme et Damien, et de tous vos saints, aux mérites et aux prières desquels nous vous prions de nous accorder, en toutes choses, le secours de votre protection : Par, etc. Ainsi soit-il.

Nous vous prions donc, Seigneur, de recevoir favorablement cette offrande de notre servitude, qui est aussi celle de votre famille ; de nous faire jouir de votre paix pendant nos jours, et de faire qu'étant préservés de la damnation éternelle, nous soyons comptés au nombre de vos élus : Par, etc.

Nous vous prions, ô Dieu, de bénir sans réserve cette offrande, l'agréer, l'accepter comme une hostie digne de vous plaire, en sorte qu'elle devienne pour nous le corps et le sang de Jésus-Christ votre très cher Fils notre Seigneur qui, la veille de sa Passion, prit du pain entre ses mains saintes et vénérables, et levant les yeux au ciel vers vous, ô Dieu son Père tout-puissant, vous rendant grâces, le bénit, le rompit et le donna à ses disciples, leur disant : Prenez et mangez-en tous : CAR CECI EST MON CORPS. De même, après qu'il eut soupé, prenant aussi ce précieux calice entre ses mains saintes et vénérables, et vous rendant pareillement grâces, il le bénit et le donna à ses disciples, disant : Prenez et buvez-en tous ; CAR CECI EST LE CALICE DE MON SANG, DU NOUVEAU ET ÉTERNEL TESTAMENT (MYSTÈRE DE FOI), QUI SERA RÉPANDU POUR VOUS ET POUR PLUSIEURS, POUR LA RÉMISSION DES PÉCHÉS. Toutes les fois que vous ferez ces choses, faites-les en mémoire de moi.

C'est pour cela que nous, qui sommes vos serviteurs, et avec nous votre peuple saint, faisant mémoire de la Passion de votre même Fils Jésus-Christ Notre Seigneur, de sa Résurrection en sortant du tombeau, victorieux de l'enfer, et de son Ascension glorieuse au ciel, nous offrons à votre incomparable majesté les dons que vous nous avez faits, l'hostie pure, l'hostie sainte, l'hostie sans tache, le pain sacré de la vie immortelle et le calice du salut éternel.

Sur lesquels il vous plaise de jeter un regard favorable, et de les avoir pour agréables, comme il vous a plu d'agréer les dons du juste Abel votre serviteur, le sacrifice d'Abraham notre patriarche, et le sacrifice saint, l'hostie sans tache que vous a offerte votre grand-prêtre Melchisédech.

Nous vous supplions, ô Dieu tout-puissant, de commander que ces dons soient portés sur votre autel sublime, en présence de votre divine majesté, par les mains de votre saint Ange, afin que tous tant que nous sommes ici, qui, participant à cet autel, aurons reçu le saint et sacré corps et sang de votre Fils, nous soyons remplis de bénédictions et de grâces célestes : Par le même J.-C. N. S.

Ainsi soit-il.

Prière des Assistants pendant la Consécration.

N'était-ce pas assez, divin Sauveur, que vous vous fussiez immolé sur la croix pour le salut des hommes? Fallait-il encore que votre sacrifice fût renouvelé tous les jours dans votre Eglise! O abîme de miséricorde! ô charité ingénieuse, qui vous a fait choisir ce moyen ineffable pour demeurer avec nous jusqu'à la fin des siècles! Je vous adore de tout mon cœur; je reconnais, ô mon Dieu, votre majesté cachée sous ces symboles qui frappent mes sens. Hostie sainte, soyez-moi un pain d'immortalité et un calice de salut éternel.

Pendant l'élévation.

O salutaris Hostia,
Quæ cœli pandis ostium,
Bella premunt hostilia,
Da robur, fer auxilium!

O victime du salut, qui nous ouvrez le ciel, l'ennemi nous livre de rudes combats; fortifiez-nous contre ses attaques!

Mémoire des Morts.

Souvenez-vous aussi, Seigneur, de vos serviteurs et de vos servantes *N. N.*, qui nous ont précédés avec le signe de la foi, et qui dorment du sommeil de la paix.

Nous vous supplions, Seigneur, de leur donner, et à tous ceux qui reposent en Jésus-Christ, un lieu de rafraîchissement, de lumière et de paix. Par le même Jésus-Christ notre

Seigneur, qui vit et règne dans tous les siècles des siècles. Ainsi soit-il.

Pour nous pécheurs, vos serviteurs, qui espérons en votre grande miséricorde, daignez nous donner part et société avec vos saints apôtres et martyrs, avec Jean, Etienne, Mathias, Barnabé, Ignace, Alexandre, Marcellin, Pierre, Félicité, Perpétue, Agathe, Luce, Agnès, Cécile, Anastasie, et avec tous vos saints, dans la compagnie desquels nous vous prions de nous recevoir, non en considérant nos mérites, mais en nous faisant grâce : Par Jésus-Christ Notre Seigneur, par lequel vous produisez toujours, Seigneur, vous sanctifiez, vous vivifiez, vous bénissez et vous nous donnez tous ces dons. Que par lui, avec lui et en lui, tout honneur et toute gloire vous soient rendus, Dieu, Père tout-puissant, en l'unité du Saint-Esprit.

Pendant tous les siècles des siècles.

LE P. Per omnia secula seculorum.

Ainsi soit-il.

LES F. Amen.

PRIONS. Avertis par les préceptes du Sauveur et conformément à sa divine institution, nous osons dire :

OREMUS. Præceptis salutaribus moniti et divinâ institutione formati, audemus dicere :

Pater noster, qui es in cœlis, sanctificetur nomen tuum : adveniat regnum tuum : fiat voluntas tua sicut in cœlo et in terrâ : panem nostrum quotidianum da nobis hodiè : et dimitte nobis debita nostra, sicut et nos dimittimus debitoribus nostris, et ne nos inducas in tentationem ;

LES r. Sed libera nos à malo.

Amen.

Notre Père, qui êtes aux cieux, que votre nom soit sanctifié ; que votre règne arrive ; que votre volonté soit faite sur la terre comme au ciel. Donnez-nous aujourd'hui notre pain de chaque jour ; et pardonnez-nous nos offenses comme nous pardonnons à ceux qui nous ont offensés ; et ne nous laissez pas succomber à la tentation ;

Mais délivrez-nous du mal.

Ainsi soit-il.

Délivrez-nous, Seigneur, s'il vous plaît, de tous les maux passés, présents et à venir, et donnez-nous par votre bonté la paix en nos jours, par l'intercession de la bienheureuse Marie toujours Vierge, mère de Dieu, et de vos bienheureux apôtres Pierre, Paul et André, et de tous les saints, afin qu'étant assistés du secours de votre miséricorde, nous soyons toujours affranchis de l'esclavage du péché et de toute crainte d'aucun trouble : Par le même notre Seigneur Jésus-Christ votre Fils, qui, étant Dieu, vit et règne avec vous, en l'unité du Saint-Esprit.

Pendant tous les siècles ces siècles.	LE P. Per omnia secula seculorum.
Ainsi soit-il.	LES F. Amen.
Que la paix du Seigneur soit toujours avec vous,	LE P. Pax Domini sit semper vobiscum,
Et avec votre esprit.	LES F. Et cum spiritu tuo.

Le Prêtre mêle dans le calice une petite partie de l'Hostie qu'il a rompue en trois, et dit :

Que ce mélange et cette consécration du corps et du sang de notre Seigneur Jésus-Christ, que nous allons recevoir, nous procurent la vie éternelle.

Agneau de Dieu, qui ôtez les péchés du monde, ayez pitié de nous.	Agnus Dei, qui tollis peccata mundi, miserere nobis.
Agneau de Dieu, qui ôtez les péchés du monde, ayez pitié de nous.	Agnus Dei, qui tollis peccata mundi, miserere nobis.

Agnus Dei, qui tollis peccata mundi, dona nobis pacem.

Agneau de Dieu, qui ôtez les péchés du monde, donnez-nous la paix.

Aux Messes des Morts, au lieu de Miserere nobis... Ayez pitié de nous, *on dit :* Dona eis requiem... Donnez-leur le repos. *Et au lieu de* Dona nobis pacem... Donnez-nous la paix, *on dit :* Dona eis requiem sempiternam... Donnez-leur le repos éternel.

Seigneur Jésus-Christ, qui avez dit à vos apôtres : Je vous laisse la paix, je vous donne ma paix, n'ayez point égard à mes péchés, mais à la foi de votre Eglise, et donnez-lui la paix et l'union que vous désirez qu'elle ait. Vous qui, étant Dieu, etc. Ainsi soit-il.

Seigneur Jésus-Christ, Fils du Dieu vivant, qui, par la volonté du Père et la coopération du Saint-Esprit, avez donné par votre mort la vie au monde, délivrez-moi, par votre saint et sacré corps et sang ici présents, de tous mes péchés et de tous autres maux ; faites que je demeure toujours attaché à vos commandements, et ne permettez pas que je me sépare jamais de vous ; Vous qui, etc. Ainsi soit-il.

Seigneur Jésus-Christ, que la participation de votre corps que j'ose recevoir, tout indigne

que j'en suis, ne tourne point à mon jugement et à ma condamnation ; mais que, par
votre bonté, elle serve à la défense de mon
âme et de mon corps, et qu'elle soit le remède
salutaire de tous mes maux : Vous qui, étant
Dieu, vivez et régnez, etc.

Ainsi soit-il.

Je prendrai le pain céleste, et j'invoquerai
le nom du Seigneur.

Le Prêtre, avant de communier, dit trois fois :

Seigneur, je ne suis pas digne que vous entriez dans ma demeure, mais dites seulement une parole, et mon âme sera guérie.

Domine, non sum dignus ut intres sub tectum meum ; sed tantùm dic verbo, et sanabitur anima mea.

Que le corps de notre Seigneur Jésus-Christ
garde mon âme pour la vie éternelle. Ainsi
soit-il.

Il découvre le calice, et le prend en disant :

Que rendrai-je au Seigneur pour tous les
biens qu'il m'a faits? Je prendrai le calice
du salut, et j'invoquerai le nom du Seigneur;

j'invoquerai le Seigneur en chantant ses louanges, et je serai délivré de mes ennemis.

Que le sang de notre Seigneur Jésus-Christ garde mon âme pour la vie éternelle. Ainsi soit-il.

Après avoir communié :

Faites, Seigneur, que nous conservions dans un cœur pur le sacrement que notre bouche a reçu, et que le don qui nous a été fait dans le temps nous soit un remède pour l'éternité. Que votre corps que j'ai reçu, ô Seigneur, et que votre sang que j'ai bu, s'attachent à mes entrailles; et faites qu'après avoir été nourri par des sacrements si purs et si saints, il ne demeure en moi aucune souillure du péché : accordez-moi cette grâce, Seigneur, qui vivez, etc. Ainsi soit-il.

Si l'on n'a pas le bonheur de communier :

Que je participe du moins spirituellement, ô mon Dieu, à la réception de votre corps; laissez-moi, comme la Chananéenne, ramasser quelques miettes de votre sainte table, afin que je sois guéri de mes infirmités.

Après la Postcommunion.

Que le Seigneur soit avec vous.	LE P. Dominus vobiscum.
Et avec votre esprit.	LES F. Et cum spiritu tuo.
Allez, la messe est terminée.	LE P. Ite, missa est.
Rendons grâces à Dieu.	LES F. Deo gratias.

Aux Messes des Morts.

Qu'ils reposent en paix.	LE P. Requiescant in pace.
Ainsi soit-il.	LES F. Amen.

Recevez favorablement, ô Trinité sainte, l'hommage et l'aveu de ma parfaite dépendance; ayez pour agréable le sacrifice que j'ai offert à votre majesté, tout indigne que j'en suis; faites qu'il soit un sacrifice de propitiation pour moi et pour tous ceux pour qui je l'ai offert; par J.-C. N. S. Ainsi soit-il.

Le Prêtre, se tournant vers le peuple, dit :

Que Dieu tout-puissant, Père, et Fils, et	LE P. Benedicat vos omnipotens

Deus, Pater, et Filius, et Spiritus Sanctus.

LES F. Amen.

LE P. Dominus vobiscum.

LES F. Et cum spiritu tuo.

LE P. Initium sancti Evangelii secundùm Joannem.

LES F. Gloria tibi, Domine.

Saint-Esprit, vous bénisse.

Ainsi soit-il.

Que le Seigneur soit avec vous,

Et avec votre esprit.

Commencement du saint Evangile selon saint Jean.

Gloire à vous, Seigneur.

Evangile de saint Jean.

Au commencement était le Verbe, et le Verbe était en Dieu, et le Verbe était Dieu. Il était dès le commencement en Dieu. Toutes choses ont été faites par lui, et rien de ce qui a été fait n'a été fait sans lui. Dans lui était la vie, et la vie était la lumière des hommes, et la lumière luit dans les ténèbres, et les ténèbres ne l'ont point comprise. Il y eut un homme envoyé de Dieu, qui s'appelait Jean ; il vint pour servir de témoin et rendre témoignage à la lumière, afin que tous crussent en lui. Il n'était pas la lumière, mais il était venu pour rendre témoignage à celui qui était la lumière. La lumière véritable était celle qui éclaire tout homme venant en ce monde. Il était dans ce monde, et le monde a été fait par lui, et le monde ne l'a point connu. Il est venu chez lui, et les siens ne l'ont point reçu ; mais il a donné le pouvoir d'être faits enfants de Dieu à tous ceux qui l'ont reçu, à ceux qui croient en son nom, qui ne sont point nés du sang, ni des désirs de la chair, ni de la volonté de l'homme, mais de Dieu même. ET LE VERBE S'EST FAIT CHAIR, et il a habité parmi nous ; et nous avons vu sa gloire, qui est la gloire du Fils unique du Père, plein de grâce et de vérité.

Rendons grâces à Dieu. | ℞. Deo gratias.

PRIÈRE APRÈS LA MESSE.

Qu'on est heureux, et qu'il fait bon ici ! Tel est du moins le sentiment que j'éprouverais si ma foi était vive, et si mon cœur n'était pas de glace. Tabernacle saint, que vous êtes aimable, et que je souffre de vous aimer si peu ! Trésors inépuisables déposés sur cet autel, ah ! qu'il en vienne jusqu'à moi quelque précieuse miette !

Puisque ce sacrifice est eucharistique, par lui,

ô mon Dieu, je vous remercie de tous vos bienfaits ; puisqu'il est propitiatoire, j'implore le
don d'une vraie pénitence. Enfin, ô victime
d'impétration, faites qu'un trop long abus
des grâces n'en arrête pas le cours !

J'ai reçu la bénédiction du prêtre, qui a
parlé en votre nom ; mais je ne m'en irai
point, Seigneur, que vous ne m'ayez béni
vous-même. *Non dimittam te, nisi benedixeris
mihi* (1).

Que cette bénédiction demeure avec moi, et
qu'elle m'accompagne comme une lumière qui
éclaire ma route, comme une force dans la
tentation, comme une consolation dans mes
peines. Ainsi soit-il !

(1) Genes. xxxii, 26.

MÉTHODE POUR UNE BONNE CONFESSION.

————

Il y avait autrefois à Jérusalem un grand
réservoir, appelé la fontaine de Bethsaïde.
Tout autour régnaient cinq portiques ou ga-
leries. Là venaient se placer les malades, attendant l'arrivée d'un ange qui venait, à cer-
tains temps, agiter l'eau. Le premier qui y
entrait pendant que l'eau était ainsi agitée,
était guéri, quel que fût son mal.

Un jour Jésus-Christ se rendit en ce lieu,
et le premier spectacle qui s'offrit à ses yeux,
ce fut une multitude d'infirmes, les uns aveugles, les autres boiteux, d'autres ayant des
membres arides, et enfin un paralytique dont
trente-huit ans (1).

(1) Joan v, 2.

La nouvelle Jérusalem, l'Église, a aussi sa fontaine de Bethsaïde. Ô divine fontaine! Qui dira ta puissance et ton efficacité? Pour toi non plus il n'est pas de mal trop invétéré, de plaie trop profonde, de maladie incurable. On n'y attend pas, comme autrefois, ces heureux moments connus du ciel, mais ignorés de la terre, moments rares et fugitifs, où un ange, par le mouvement de l'eau, révélait sa présence.

Ici l'eau, sans cesse agitée, et sans cesse renouvelée, laisse échapper un doux murmure qui appelle tous les malades, c'est-à-dire tous les pécheurs. Nos tribunaux sacrés ont en effet une voix pour nous dire : Que crains-tu? Je suis le pardon; je suis la miséricorde! Le juge, qui a plein pouvoir pour absoudre, n'a reçu aucun pouvoir pour condamner. Ici l'on n'impose point de chaînes; on en délivre. On y entre avec les remords; on en sort avec la joie de l'espérance. On se courbe esclave et enfant de colère; on se relève libre et enfant de Dieu.

Le jour où, du milieu du rocher, la sainte Vierge parla à l'enfant, elle sembla lui dire aussi : «Si je te recommande de prier pour les pécheurs, c'est que je désire les voir accourir; si je demande ici une chapelle, n'est-ce pas pour que mes yeux y voient bientôt ces tribunaux que viendront assiéger de nombreux pénitents, cet autel où s'immolera mon Fils, et cette table divine où il se donnera à l'âme réconciliée? »

Oui, Confession et Communion, Pénitence et Eucharistie, ce sont les deux sacrements dont dépend notre salut, les deux portes qui nous ouvriront le ciel. Quand la grâce est perdue et naufragée, la Confession nous la rend; quand nous l'avons retrouvée, la Communion l'augmente, la fortifie et l'embellit.

Doit-on en conclure que tous ceux qui en approchent avec de bonnes dispositions y goûtent toujours la paix, et que leur âme y soit inondée de délicieuses consolations? Non, ces joies intérieures sont des dons très gratuits, et Dieu les dispense selon sa volonté, toujours adorable. — Disons aussi qu'ils ne sont pas nécessaires. — Au pécheur vraiment pénitent il envoie sans le plus léger retard la grâce de la réconciliation; mais, à l'âme fidèle il fait quelquefois sentir comme les douleurs de l'absence et de la séparation; il ne lui laisse que le pain noir de l'épreuve. Elle est triste alors, cette pauvre âme, comme étaient solitaires et tristes les chemins et les rues de Jérusalem, que parcouraient Marie et Joseph, en cherchant l'enfant Jésus, perdu depuis deux jours. Elle est triste comme fut silencieux et désolé le rocher de Massavielle pendant ces deux jours où l'Apparition fit défaut, et trompa l'attente de l'enfant. Mais, patience! L'épreuve doit avoir un terme, et le dédommagement ne manque jamais. Pour Marie et pour Joseph, il eut lieu dans le temple, où la vue de Jésus leur fut rendue au milieu des docteurs. Pour l'enfant, il eut lieu le jour de l'Annonciation et le lundi de Pâques, où la Reine du ciel se réservait de lui dire son nom et de lui faire de tendres adieux.

Que le fidèle n'oublie pas ces trois choses : la première, c'est que Dieu ne nous traite jamais en ennemi qui cherche à perdre, mais en père qui veut sauver ; la seconde, c'est qu'il n'est pas de Confession mauvaise pour qui a bonne volonté ; la troisième, c'est que le dogme de *la rémission des péchés* est écrit dans le Symbole, à côté de celui de l'unité de Dieu et de la Trinité sainte ; il est écrit dans l'Evangile et dans la Tradition des siècles chrétiens.

Puisque ce n'est pas aux consolations intérieures qu'il faut juger de la bonté de nos Confessions et de nos Communions, quel sera le signe? Il en est un qui ne peut tromper ; c'est que chacune d'elles nous inspire une nouvelle crainte du péché et un grand désir de notre sanctification ; c'est que l'âme en devienne plus humble, plus patiente, plus charitable, plus détachée du monde et d'elle-même, pour être plus unie à Dieu, cherchant à lui plaire en accomplissant sa volonté et les devoirs de son état. C'est dans la conformité à la volonté de Dieu que consiste notre sanctification.

PRIÈRE AVANT LA CONFESSION.

Mon Dieu, vous êtes vérité et lumière ; mon esprit n'est qu'erreur et ténèbres. Je suis incapable de connaître mes péchés, d'en compter le nombre, d'en mesurer la grandeur : *Delicta quis intelligit* (1)? Qu'il se lève donc sur mon âme ce jour de la vérité qui m'éclaire, et me fasse voir la profondeur de mes plaies ! Mettez surtout sur mes lèvres, ô mon Dieu, cette sincérité qui ne cache et ne dissimule rien. Pénétrez mon cœur de ce repentir vrai qui relève toute ruine et lave toute tache. Ainsi soit-il !

(1) Psalm. xviii, 13.

Sur les Confessions passées.

Péchés cachés, oubliés, défaut de contrition, rechute, pénitence omise.

Sur les Commandements de Dieu.

1er. Ignorance des vérités de la religion ; — doutes, paroles, lectures contre la foi ; — défiance contre Dieu et murmure contre la Providence ; — respect humain ; obstination dans le péché ; oubli habituel de Dieu , prières manquées ou mal faites.

IIe. Serments faux ; — blasphèmes et imprécations contre Dieu, contre le travail, contre les animaux, contre soi-même ; — paroles grossières ; vœux non accomplis.

IIIe. Travail du dimanche et des fêtes ; — messe manquée ou mal entendue ; — dimanche passé dans les plaisirs ou dans l'oisiveté.

IVe. Manque de respect envers ses parents, ses supérieurs et ses maîtres ; — répliques offensantes et gestes menaçants ; — refus d'obéir, et obéir en murmurant ; — ne consulter jamais, et vivre à son gré ; — refuser à ses parents les soins et les secours nécessaires ; —

négligence des parents à soigner la santé de leurs enfants, à les instruire chrétiennement et à leur donner le bon exemple.

V^e. Haine, vengeance, querelles, coups, homicide ou cause d'homicide ; — scandales en paroles ou en actions.

VIe et IXe. Pensées immodestes, et mauvais désirs ; — regards, lectures, entretiens, chansons ; — actions indécentes, seul, avec d'autres ; — fréquentations de personnes ou d'endroits qui sont occasion de péché,

VIIe et X^e. Vol, fraudes, injustices; — refus de réparer les dommages, de payer ses dettes, de restituer sitôt qu'on peut.

VIIIe. Faux témoignages, mensonges officieux et même pernicieux ; — médisance, calomnie ; — jugement téméraire, intérieur ou extérieur.

Sur les Commandements de l'Église.

Ier et IIe. Comme au troisième commandement de Dieu.

IIIe. Confession annuelle omise ou mal faite.

IVe. Communion pascale manquée.

V^e. Jeûnes non observés, sans cause raisonnable.

VIe. Abstinence violée aux jours défendus.

Sur les Péchés capitaux.

1° Orgueil, vanité, complaisance pour soi-même ; rechercher la louange, et s'irriter dans les humiliations ; — arrogance, opiniâtreté et suffisance ; — rapporter tout à soi ; — n'écouter aucun conseil, et aimer à parler de soi ; — affectation ; — mépris des autres.

2° Attache trop grande aux biens de ce monde ; — oubli des pauvres et refus de l'aumône.

3° Luxure. Comme au sixième commandement de Dieu.

4° Porter envie aux avantages et aux qualités du prochain, — lui souhaiter du mal ou des mortifications.

5° Vivacités, impatiences, emportements et violences.

6° Sensualité dans les repas, — intempérance et délicatesse extrême ; — abus de la boisson.

7° Paresse pour le lever et pour le travail ; — conversations longues et visites inutiles ; — paresse à servir Dieu.

Sur les devoirs de son état.

Devoirs omis dans sa condition et dans la

profession qu'on exerce ; — devoirs dans le ménage, dans la vie des champs, dans l'atelier, dans l'armée, dans les administrations ou fonctions publiques, dans l'Eglise, etc.

Je vais m'approcher de vous, Seigneur, dans la personne de votre ministre. Que n'ai-je à cette heure les sentiments du paralytique, lorsqu'il vous dit : *Je veux être guéri ;* ceux du lépreux, quand il s'écria : *Si vous voulez, vous pouvez me purifier.* Puisse cette Confession écrire de nouveau mon nom au livre de vie, d'où les péchés l'ont tristement effacé ! Puisse l'absolution que je vais implorer, être ratifiée dans le Ciel !

Saints pénitents, obtenez-moi cette grâce. Je veux apprendre de vous avec quelle simplicité courageuse on déclare ses fautes, avec quelle amertume on les déplore.

Mon bon ange gardien, priez pour mon âme, et accompagnez-moi au tribunal de la réconciliation. Si je vous ai contristé par l'égarement, je veux vous consoler par mon retour.

Mère de miséricorde, espoir des pénitents, soyez-moi propice et ouvrez-moi le chemin du pardon. Faites que mon repentir ressemble à vos douleurs, et que je sente au-dedans de moi quelque chose des amertumes de Gethsémani, où le tableau de mes péchés, offert à votre divin Fils, le réduisit à l'agonie.

PRIÈRE APRÈS LA CONFESSION.

« Heureux ceux dont les iniquités sont remises, et dont les péchés sont couverts par le pardon (1)! » *Beati!* Ce bonheur est-il le mien? Je l'espère de l'infinie bonté. Si le captif ne peut oublier sans crime la généreuse main qui ouvre les portes de son cachot et qui brise ses chaînes, je sens ce que je dois à la clémence de mon Dieu. Eh! voudrais-je renouveler la tristesse du Sauveur qui, de dix lépreux qu'il avait guéris, n'en vit qu'un seul revenir à lui pour lui exprimer son humble gratitude?

Grâce divine, précieux dépôt, je te conserverai avec soin. Je n'aurai pas relevé ma maison, pour la renverser encore, ni recouvré les diamants de l'innocence, pour les jeter sous les pas des animaux. Je n'oublierai pas, Seigneur, votre recommandation au paralytique guéri, que vous rencontrâtes dans

(1) Psalm. XXXI, 1.

le temple : « Te voilà guéri ! Maintenant, ne pèche plus, de peur qu'il ne t'arrive un plus grand malheur (1). » J'éviterai donc les occasions du péché; je ferai religieusement la pénitence qui m'est imposée, et qui est si légère pour mes fautes. Surtout, je bénirai le Dieu qui pardonne « et qui me couronne dans sa miséricorde : » *Qui coronat in misericordia et miserationibus* (2).

PRIÈRE APRÈS LA CONFESSION, *quand on n'a pas reçu l'absolution.*

Je m'incline avec respect devant la sagesse du ministre, qui retient ma grâce, et qui vient de panser la plaie, sans la guérir encore. Qu'il me tarde, ô mon Dieu, de voir tomber le mur de séparation élevé entre vous et moi ! Je le reconnais avec douleur : ce qui enchaîne la main du prêtre et stérilise le sacrement, c'est ma malice et ma déplorable faiblesse.

Mais c'en est fait, mon Dieu ! je ne veux plus être compté au nombre des déshérités et des rebelles; je ne veux plus être ce *néant armé, nihilum armatum,* dont parle saint Ambroise. Vienne le moment heureux où j'aurai la grâce et la paix ! Ainsi soit-il !

(1) Joan. v, 14. — (2) Psalm. cii, 4.

PRATIQUE POUR LA SAINTE COMMUNION.

Dans la vie du Sauveur des hommes, le don le plus ineffable, le miracle des miracles, c'est l'institution de la divine Eucharistie. Jusqu'à cette heure, sa bouche avait répandu partout des flots de lumière, et ses mains avaient semé les prodiges. Les grâces avaient succédé aux grâces, et la longue trace de ses bienfaits laissait voir, comme dit le Prophète, « la terre elle-même toute couverte de miséricorde (1). » Au cénacle, l'éternel amour va toucher aux dernières limites de l'infini, *In finem dilexit* (2). Le Dieu *charité* va épuiser sa toute-puissance, réunir ensemble tous ses trésors, pour les épancher sans mesure, et selon un mot célèbre, « il va se rendre prodigue de lui-même. » *O altitudo* (3)!

Dans la vie du chrétien, la Communion est l'action la plus relevée et la plus sainte; il sait que, pour obtenir de Dieu une grande grâce, ou pour le remercier d'un grand bien-

-----

(1) Psalm. XXXII, 5. — (2) Jean. XIII, 1. — (3) Rom. XI, 33.

fait, il n'a qu'à s'approcher avec ferveur de la sainte table.

La première condition, qu'aucune autre ne remplacera jamais, c'est l'état de justice, c'est-à-dire l'innocence conservée, ou réparée dans le sacrement de Pénitence. Avant d'entrer dans la salle du festin, il faut être revêtu de la robe nuptiale ; avant de manger le pain divin et de boire le vin mystérieux, il faut s'éprouver, il faut être en possession de la vie.

En second lieu, l'Eucharistie est un auguste mystère, placé à des hauteurs incommensurables, où n'atteindront jamais les sens ni la raison humaine. Seule la foi vive, ferme et soumise, déchire tous les voiles et découvre d'ineffables réalités.

La troisième disposition est une humilité profonde, que la foi produit comme nécessairement ; car il est impossible de reconnaître qu'on va s'approcher de Dieu, et de ne pas se confondre dans sa propre indignité. Lorsque le Seigneur révéla sa présence sur le buisson du mont Horeb, Moïse se couvrit le visage, car, dit le texte sacré, « il n'osa pas regarder Dieu (1). »

Que dire de la charité qui doit brûler dans l'âme du communiant ! Qui se sentirait le

____
(1) Exod. III. 6.

triste courage d'aborder le doux Mystère, si dans le cœur ne vivait aucune étincelle? Donc, amour pénitent, car nous sommes pécheurs ; amour reconnaissant, puisque nous sommes comblés de biens ; amour fidèle et constant, car Dieu ne change pas et ne nous quitte jamais le premier.

ACTES AVANT LA SAINTE COMMUNION.

Acte de Foi.

« Ceci est mon corps, ceci est mon sang (1). » Paroles divines ! vous éclairez mon intelligence, vous faites battre mon cœur. O sainte Eucharistie ! vous êtes ce doux présent du ciel qui offre à mon âme, comme un aliment de vie, le même corps de mon Sauveur, qui fut formé par l'Esprit-Saint dans le sein de l'auguste Vierge, et qui fut immolé sur la Croix pour le salut du monde. Je comprends, ô mon Dieu, ces nuages qui voilent votre présence et qui cachent à mes yeux votre majesté sainte ; car, s'il m'était donné comme à votre disciple bien-aimé de vous voir tel que vous êtes dans la gloire, j'en demeurerais accablé, et comme lui, « je tomberais presque

(1) Matth. xxvi, 26.

mort à vos pieds (1). » Aussi, pour ménager ma faiblesse et pour exciter ma confiance, vous vous dépouillez de tous les attributs de grandeur, de puissance et de suprême majesté; vous ne gardez que votre miséricordieux amour.

Présence réelle de mon doux Sauveur, je t'offre l'hommage de ma foi avec la profondeur de mes adorations; s'il le fallait, je te scellerais de mon sang.

Acte d'Humilité.

Qui mesurera jamais l'espace qui me sépare de mon Dieu? Si j'ose lever les yeux, j'aperçois Celui devant qui « tout genou fléchit au ciel, sur la terre et dans les enfers (2); » c'est l'infini, toujours l'infini, c'est la sainteté par essence. Si j'abaisse mes regards, je rencontre en moi un autre abîme : c'est le néant avec sa faiblesse, c'est, par-dessus tout, le péché avec toute sa malice. Je cours donc me réfugier dans le sein de la divine clémence, et je me présente à vous, Seigneur, comme le pauvre à la porte du riche, comme le malade à son médecin, comme l'enfant prodigue au meilleur des pères. Oui, que

____

(1) Apoc. i, 17. — (2) Philip. ii, 10.

l'abîme de ma misère attire sur moi l'abîme de la miséricorde !

Acte de Contrition.

Péché mortel ! grand ennemi de Dieu et homicide des âmes, destructeur de l'innocence, je te déteste, et je voudrais avoir, pour te laver, toutes les larmes des pénitents, toutes les douleurs de la sainte Agonie. Hâtez-vous, ô mon Sauveur, de renverser ce funeste mur de séparation « en lavant ce qui est souillé, en guérissant ce qui est malade. » *Lava quod est sordidum; sana quod est saucium* (1). Permettez-moi de vous dire comme saint Pierre au cénacle : « Seigneur, ne me lavez pas seulement les pieds, mais aussi les mains et la tête (2). »

Acte de Charité

« Vous connaissez toutes choses, et vous savez que je vous aime (3). » Je n'ose, ô mon Dieu, vous adresser ces belles paroles, qu'il me serait pourtant si doux de redire ne dois-je pas trembler que votre regard scrutateur ne découvre dans mon âme des sentiments qui les désavouent ? Ah ! du moins, il me sera

---

(1) Offic. Pentec. — (2) Joan. XIII, 9. — (3) Joan. XXI, 17.

permis de dire que si je ne vous aime pas, j'en souffre cruellement, et que si je désire quelque chose au monde, c'est votre saint amour.

De votre inépuisable bonté « qui se plaît à distribuer et à donner aux pauvres (1) » j'implore cette grâce et j'attends cette aumône. Fournaise ardente ! laisse tomber sur moi une de tes vives étincelles, afin d'allumer dans mon cœur le feu de la divine charité.

Acte de Désir.

Vous avez été, ô mon Dieu, l'objet de quarante siècles d'attente, et l'on vous appela le Désiré des Nations. Oh ! soyez aussi le désiré de mon âme, le centre de ma vie ! De votre bouche tombèrent un jour ces touchantes paroles . « Que celui qui a soif vienne à moi (2). » Il faudrait être sous une montagne de glace pour ne rien sentir, et pour ne pas s'écrier avec le Prophète : « Oui, Seigneur, mon âme a soif de vous (3). » *Sitivit in te anima mea.*

J'étant un voile sur mon extrême indignité, et oubliant qui je suis, je vais à vous, ô mon Maître, protégé par votre miséricorde. Il me

(1) Psalm. CXI, 8. — (2) Joan. VII, 39. — (3) Psalm. LXII, 2.

farde d'approcher mes lèvres de cette eau vive, après laquelle on n'a plus soif (1). » Manne cachée, ne te dérobe plus à mes désirs. Ainsi soit-il!

APRÈS LA SAINTE COMMUNION.

PRIÈRE DE SAINT IGNACE. Ame de Jésus, sanctifiez-moi. — Corps de Jésus, sauvez-moi. Sang de Jésus, enivrez-moi. — Eau du côté de Jésus, purifiez-moi. — Passion de Jésus, fortifiez-moi. — O bon Jésus, exaucez-moi. — Cachez-moi dans vos plaies. — Ne permettez pas que je me sépare de vous. — Défendez-moi contre le malin esprit. — Appelez-moi à l'heure de la mort, et commandez que j'aille à vous, afin que je vous bénisse avec vos élus dans les siècles des siècles. Ainsi soit-il.

(S. S. Pie IX a accordé trois cents jours d'indulgence.)

Acte d'Adoration.

O divine Majesté, « qui avez établi dans le soleil votre tabernacle, (2) » et pour qui les cieux eux-mêmes sont trop petits, quelle a pu être la puissance de cet amour qui vous

______
(1) Joan. iv, 13. — (2) Psalm. xviii, 16.

courbe jusqu'à moi, et qui de ma pauvre âme a fait votre demeure! Avant d'en agir ainsi, vous avez dû tout oublier, et vous oublier vous-même, « pour ne vous souvenir que de votre miséricorde (1). » *Recordatus est misericordiæ suæ.* Devant l'infinie grandeur, ainsi abaissée, j'adore en silence, et je demeure confondu dans la profondeur de mon anéantissement. « Je t'adore en suppliant, ô Divinité cachée! » *Adoro te devoté latens Deitas!*

Acte de Remerciment.

Comme la femme de l'Evangile, je devrais m'estimer trop heureux de pouvoir recueillir les miettes du sacré festin. La moindre de vos grâces et un seul de vos regards, ô mon Sauveur, devraient me pénétrer de la plus vive reconnaissance. Mais, que dire lorsque vous daignez me prendre par la main et me conduire à votre table? Où trouver la louange et un tribut d'amour digne d'un tel bienfait? Vous le savez, Seigneur; en venant à moi, c'est un pauvre que vous visitez, c'est « un indigent que vous élevez de terre » pour le rapprocher de vous. *Suscitans a terra inopem* (1). Je n'ai donc rien, absolument rien;

(1) Psalm. 97, 4. — (2) Psalm. CXII, 6.

mais je vous offre les bénédictions de toutes les créatures formées par vos mains, et celles des anges qui vous adorent autour de ce tabernacle; ou plutôt, Père saint, pour vous remercier dignement, je vous présente votre divin Fils. *Respice in faciem Christi tui* (1).

Acte de Charité.

« Que ceux qui vivent, ne vivent plus pour eux-mêmes, mais pour Celui qui est mort et ressuscité pour eux (2). » Oui, mon Dieu, je ne désire vivre que pour vous, et je voudrais effacer de ma vie tous ces jours où je ne vous ai pas aimé; car ces jours ressemblent à la mort. J'étais alors cet infortuné sarment séparé du cep, ce triste rameau retranché de la tige.

Je vous la demande, cette divine flamme, dont un pécheur comme moi ne mérite pas de brûler. « Dilatez-moi dans l'amour, afin que j'apprenne à goûter au fond de mon cœur combien il est doux d'aimer et de se fondre et de se perdre en amour (3). » Oui, mon Sauveur, vous seul êtes mon tout, « et ni la mort, ni la vie, ni aucune créature ne pourront me

(1) Psalm. LXXXIII, 10. — (2) II Cor. v, 15. — (3) *Imit. Chr.*, lib. III, v.

19

séparer de la charité de Dieu, qui est en vous (1). » Ainsi soit-il.

PRIÈRE. *En ego, etc.*

Me voici, ô mon très doux Jésus, prosterné en votre présence, pour vous prier et vous supplier avec toute la ferveur dont je suis capable de daigner mettre dans mon cœur les plus vifs sentiments de foi, d'espérance, de charité et de contrition de mes péchés, ainsi qu'une ferme volonté de m'en corriger, tandis que, avec un sentiment profond d'amour et de douleur, je considère et je médite vos cinq plaies, ayant devant les yeux ce que disait autrefois de vous, ô bon Jésus, le prophète David : « Ils ont percé mes mains et mes pieds; ils ont compté tous mes os. » (Psalm. XXI, 17-18.) — *Une indulgence plénière est accordée à tous les fidèles qui, s'étant confessés et ayant communié, réciteront cette prière à l'église devant un crucifix ou image de Jésus en croix.*

(1) Rom. VIII, 38-39.

LE DIMANCHE A VÊPRES.

Deus, in adjutorium meum intende. ℟. Domine, ad adjuvandum me festina.

Gloria Patri, et Filio, et Spiritui Sancto : Sicut erat in principio, et nunc, et semper, et in sæcula sæculorum. Amen. Alleluia.

O Dieu, venez à mon aide. ℟. Hâtez-vous, Seigneur, de me secourir.

Gloire au Père, et au Fils, et au Saint-Esprit Maintenant et toujours, comme dès le commencement, et dans les siècles des siècles. Ainsi soit-il. Alleluia.

Depuis la Septuagésime jusqu'au Jeudi saint, au lieu de l'Alleluia on dit :

Laus tibi, Domine, Rex æternæ gloriæ.

Louange à vous, Seigneur, Roi de la gloire éternelle.

Le Seigneur a dit à mon Seigneur : Asseyez-vous à ma droite,

Jusqu'à ce que je réduise vos ennemis à vous servir de marchepied.

Le Seigneur fera sortir de Sion le sceptre de votre puissance : dominez au milieu de vos ennemis.

La souveraineté sera avec vous au jour de votre force, dans la splendeur des Saints : je vous ai engendré de mon sein avant l'aurore.

Le Seigneur l'a juré, et il ne rétractera pas son serment : vous êtes le Prêtre éternel selon l'ordre de Melchisédech.

Le Seigneur est à votre droite; il brisera les rois au jour de sa colère.

Dixit Dominus Domino meo : * Sede a dextris meis;

Donec ponam inimicos tuos * scabellum pedum tuorum.

Virgam virtutis tuæ emittet Dominus ex Sion : * dominare in medio inimicorum tuorum.

Tecum principium in die virtutis tuæ, in splendoribus sanctorum : * ex utero ante luciferum genui te.

Juravit Dominus, et non pœnitebit eum : * Tu es Sacerdos in æternum, secundùm ordinem Melchisedech.

Dominus a dextris tuis, * confregit in die iræ suæ reges.

Judicabit in nationibus implebit ruinas : * conquassabit capita in terra multorum.

De torrente in via bibet, * propter ea exaltabit caput.

Gloria Patri, etc.

Ant. Dixit Dominus Domino meo : Sede a dextris meis.

Il jugera les nations, il consommera la ruine de vos ennemis ; il écrasera sur la terre la tête d'un grand nombre.

Le Christ, néanmoins, boira dans sa course l'eau du torrent, et c'est par là qu'il s'élèvera dans la gloire.

Gloire au Père, etc.

Ant. Le Seigneur a dit à mon Seigneur : Asseyez-vous à ma droite.

Confitebor tibi, Domine, in toto corde meo, * in consilio justorum et congregatione.

Magna opera Domini, * exquisita in omnes voluntates ejus.

Confessio et magnificentia opus

Je vous louerai, Seigneur, de tout mon cœur, dans la société des justes et dans leurs assemblées.

Les œuvres du Seigneur sont grandes, et parfaitement conformes à tous ses desseins.

La magnificence et la gloire éclatent dans ses

ouvrages, et sa justice demeure éternellement.

Le Seigneur, plein de bonté et de miséricorde, a perpétué la mémoire de ses merveilles ; il a donné la nourriture à ceux qui le craignent.

Il se souviendra toujours de son alliance, il manifestera à son peuple la puissance de ses œuvres ;

Il lui donnera l'héritage des nations ; la vérité et la justice sont l'ouvrage de ses mains.

Tous ses décrets sont stables, affermis à jamais, fondés sur la justice et sur la vérité.

Il a envoyé un Rédempteur à son peuple; il a fait avec lui une alliance éternelle.

ejus, manet in sæculum sæculi.

Memoriam fecit mirabilium suorum misericors et miserator Dominus ; * escam dedit timentibus se.

Memor erit in sæculum testamenti sui : * virtutem operum suorum annuntiabit populo suo ;

Ut det illis hæreditatem gentium : * opera manuum ejus veritas et judicium.

Fidelia omnia mandata ejus, confirmata in sæculum sæculi, * facta in veritate et æquitate.

Redemptionem misit populo suo; * mandavit in æternum testamentum suum.

Sanctum et terribile nomen ejus: * initium sapientiæ timor Domini.

Intellectus bonus omnibus facientibus eum : * laudatio ejus manet in sæculum sæculi.

Ant. Fidelia omnia mandata ejus, confirmata in sæculum sæculi.

Son nom est saint et terrible : la crainte du Seigneur est le commencement de la sagesse.

Ceux qui se règlent sur cette crainte ont la véritable intelligence : la louange du Seigneur subsiste dans tous les siècles.

Ant. Tous ses décrets sont stables, affermis à jamais.

Beatus vir qui timet Dominum, * in mandatis ejus volet nimis.

Potens in terra erit semen ejus; * generatio rectorum benedicetur.

Gloria et divitiæ in domo ejus; * et justitia ejus manet in sæculum sæculi.

Exortum est in tenebris lumen rec-

Heureux l'homme qui craint le Seigneur, et qui se complaît dans l'observance de sa loi.

Sa postérité sera puissante sur la terre : la race des justes sera bénie.

La gloire et les richesses sont dans sa maison; sa justice demeure éternellement.

Une lumière s'est levée dans les ténèbres pour

ceux qui ont le cœur droit; le Seigneur est clément, miséricordieux et juste.

Heureux l'homme qui plaint et secourt l'indigent; il règlera ses paroles selon la prudence; il ne sera jamais ebranlé.

La mémoire du juste sera éternelle, il ne craindra pas les mauvais discours des hommes.

Son cœur est toujours prêt à espérer au Seigneur, son cœur est inébranlable : il verra sans se troubler la ruine de ses ennemis.

Il a répandu libéralement ses biens dans le sein des pauvres; sa justice subsiste dans tous les siècles : son nom sera couronné de gloire.

Le pécheur le verra, et

tis; * misericors, et miserator, et justus.

Jucundus homo qui miseretur et commodat, disponet sermones suos in judicio; * quia in æternum non commovebitur.

In memoria æterna erit justus; * ab auditione mala non timebit.

Paratum cor ejus sperare in Domino, confirmatum est cor ejus : * non commovebitur, donec despiciat inimicos suos.

Dispersit, dedit pauperibus; justitia ejus manet in sæculum sæculi : * cornu ejus exaltabitur in gloria.

Peccator vide-

cbit, et irascetur : dentibus suis fremet, et tabescet ; * desiderium peccatorum peribit.

Ant. In mandatis ejus cupit nimis.

en sera irrité ; il grincera des dents et sèchera de dépit : mais le désir des pécheurs périra.

Ant. Il se complaît dans l'observance de sa loi.

Laudate, pueri, Dominum ; * laudate nomen Domini.

Sit nomen Domini benedictum, * ex hoc nunc, et usque in sæculum.

A solis ortu usque ad occasum, * laudabile nomen Domini.

Excelsus super omnes gentes Dominus, * et super cœlos gloria ejus.

Quis sicut Dominus Deus noster,

Serviteurs de Dieu, louez le Seigneur, et célébrez son nom.

Que le nom du Seigneur soit béni, maintenant et dans tous les siecles.

De l'orient jusqu'à l'occident, le nom du Seigneur est digne de louanges.

Le Seigneur domine sur tous les peuples, et sa gloire est au-dessus des cieux.

Qui est semblable au Seigneur notre Dieu, qui

réside au plus haut des cieux, et abaisse ses regards sur tout ce qui est au-dessous de lui dans le ciel et sur la terre?

qui in altis habitat, * et humilia respicit in cœlo et in terra?

Il tire le faible de la poussière, il élève le pauvre du sein de l'abjection,

Suscitans a terra inopem, * et de stercore erigens pauperem,

Pour le placer avec les princes, avec les princes de son peuple.

Ut collocet eum cum principibus, * cum principibus populi sui.

Il donne à celle qui était stérile la joie de se voir, dans sa maison, mère de plusieurs enfants.

Qui habitare facit sterilem in domo, * matrem filiorum lætantem.

Ant. Que le nom du Seigneur soit béni dans tous les siècles.

Ant. Sit nomen Domini benedictum in sæcula.

Lorsque Israël sortit de l'Egypte, et la maison de Jacob du milieu d'un peuple barbare,

In exitu Israel de Ægypto, * domus Jacob de populo barbaro,

Juda fut consacré au Seigneur, Israël devint son domaine.

Facta est Judæa sanctificatio ejus, * Israel potestas ejus.

Mare vidit, et fugit. * Jordanis conversus est retrorsum.

La mer le vit, et s'enfuit; le Jourdain remonta vers sa source.

Montes exsultaverunt ut arietes, et colles sicut agni ovium.

Les montagnes bondirent comme des béliers, et les collines comme des agneaux.

Quid est tibi, mare, quod fugisti ? * et tu, Jordanis, quia conversus es retrorsum ?

Mer, pourquoi as-tu fui ? et toi, Jourdain, pourquoi es-tu remonté vers ta source ?

Montes, exsultastis sicut arietes ? * et, colles, sicut agni ovium ?

Montagnes, pourquoi avez-vous bondi comme des béliers ? et vous, collines, comme des agneaux ?

A facie Domini mota est terra, * a facie Dei Jacob,

C'est que la terre a tremblé devant la face du Seigneur, à l'aspect du Dieu de Jacob,

Qui convertit petram in stagna aquarum, * et rupem in fontes aquarum.

Qui a changé la pierre en des torrents d'eau, et le rocher en sources d'eaux vives.

Non nobis, Domine, non nobis, * sed nomini tuo da gloriam,

Faites éclater votre gloire, non pas pour nous, Seigneur, mais uniquement pour votre nom.

Afin de manifester votre miséricorde et la fidélité de vos promesses; de peur que les nations ne disent : Où est leur Dieu?

Notre Dieu est dans le ciel, il a fait tout ce qu'il a voulu.

Les idoles des nations ne sont que de l'or et de l'argent, ouvrages de la main des hommes.

Elles ont une bouche, et ne parlent point; elles ont des yeux, et ne voient point.

Elles ont des oreilles, et n'entendent point; elles ont des narines, et ne sentent point.

Elles ont des mains, et ne touchent point; des pieds, et ne marchent point, leur gosier ne peut proférer aucun son.

Que ceux qui les font leur deviennent sembla-

Super misericordia tua et veritate tua; * nequando dicant gentes : Ubi est Deus eorum?

Deus autem noster in cœlo; * omnia quæcumque voluit, fecit.

Simulacra gentium argentum et aurum, *opera manuum hominum.

Os habent, et non loquentur; * oculos habent, et non videbunt.

Aures habent, et non audient; * nares habent, et non odorabunt.

Manus habent, et non palpabunt; pedes habent, et non ambulabunt; * non clamabunt in gutture suo.

Similes illis fiant qui faciunt ea, *et

nnes qui confi-
nt in eis.

Domus Israel
eravit in Domi-
o; * adjutor
rum et protector
rum est.
Domus Aaron
eravit in Domi-
o; * adjutor
rum et protector
rum est.
Qui timent Do-
inum, sperave-
int in Domino; *
ljutor eorum et
rotector eorum
t.
Dominus memor
it nostrî, * et be-
dixit nobis.
Benedixit domui
rael, * benedixit
omui Aaron.
Benedixit omni-
us qui timent Do-
inum, * pusillis
m majoribus.

bles, comme tous ceux
qui mettent en elles leur
confiance.
La maison d'Israël a
espéré dans le Seigneur;
le Seigneur est son pro-
tecteur et son soutien.

La maison d'Aaron a
espéré dans le Seigneur;
le Seigneur est son pro-
tecteur et son soutien.

Ceux qui craignent le
Seigneur ont espéré en
lui; il est leur protecteur
et leur soutien.

Le Seigneur s'est sou-
venu de nous, et il nous
a bénis.
Il a béni la maison
d'Israël, il a béni la
maison d'Aaron.
Il a béni tous ceux qui
le craignent, les petits
comme les grands.

Que le Seigneur multiplie ses dons sur vous et sur vos enfants.

Adjiciat Dominus super vos, * super vos, et super filios vestros.

Soyez bénis du Seigneur, qui a fait le ciel et la terre.

Benedicti vos a Domino, * qui fecit cœlum et terram.

Le ciel des cieux appartient au Seigneur, et il a donné la terre aux enfants des hommes.

Cœlum cœli Domino, * terram autem dedit filiis hominum.

Les morts ne vous loueront point, Seigneur, ni tous ceux qui descendent dans le tombeau.

Non mortui laudabunt te, Domine, * neque omnes qui descendunt in infernum.

Mais nous qui vivons, nous bénissons le Seigneur, maintenant et à jamais.

Sed nos qui vivimus, benedicimus Domino, * ex hoc nunc, et usque in sæculum.

Ant. Nous qui vivons, nous bénissons le Seigneur.

Ant. Nos qui vivimus, benedicimus Domino.

Capitule. Béni soit Dieu le Père de Notre Seigneur Jésus-Christ, le Père des miséricordes et le Dieu de toute consolation, qui daigne nous consoler dans toutes nos afflictions et nos épreuves.

℟. Deo gratias. | ℟. Rendons grâces à Dieu.

HYMNE.

Lucis Creator optime,
Lucem dierum proferens,
Primordiis lucis novæ,
Mundi parans originem ;
Qui mane junctum vesperi
Diem vocari præcipis,
Illabitur tetrum chaos :
Audi preces cum fletibus.

Ne mens gravata crimine
Vitæ sit exsul munere,
Dum nil perenne cogitat,
Seseque culpis illigat.

O Dieu souverainement bon, créateur de la lumière, qui la faites luire pour régler la durée des jours, et qui avez commencé par elle la création du monde ;

Vous qui avez voulu qu'on appelât jour le temps qui s'écoule du matin au soir, écoutez, au moment où les ténèbres de la nuit approchent, les prières que nous accompagnons de nos larmes.

Ne permettez pas que notre âme se laisse appesantir par ses fautes, ne pense point aux choses éternelles, s'engage dans les liens du péché, et soit exilée du séjour de la vie.

Mais faites que nos prières frappent à la porte du ciel; que nous remportions le prix de la vie éternelle; que nous évitions tout ce qui peut nous nuire, et que nous expiions nos iniquités.

Accordez-nous cette grâce, ô Père miséricordieux, et vous, Fils unique, égal au Père, qui, avec l'Esprit consolateur, régnez dans les siècles des siècles.

Ainsi soit-il.

v. Que nos prières, Seigneur, montent vers vous,
r. Comme un encens.

Cœleste pulset ostium:
Vitale tollat præmium:
Vitemus omne noxium :
Purgemus omne pessimum.

Præsta, Pater piissime,
Patrique compar Unice,
Cum Spiritu Paraclito
Regnans per omne sæculum.
Amen.

v. Dirigatur, Domine, oratio mea.
r. Sicut incensum in conspectu tuo.

CANTIQUE DE LA SAINTE VIERGE

Mon âme glorifie le Seigneur,
Et mon esprit est ravi

Magnificat anima mea Dominum,
Et exultavit spi-

litus meus *in Deo salutari meo;

de joie en Dieu mon Sauveur;

Quia respexit humilitatem ancillæ suæ : * ecce enim ex hoc beatam me dicent omnes generationes.

Parce qu'il a regardé la bassesse de sa servante : désormais toutes les géné rations m'appelleront bienheureuse.

Quia fecit mihi magna qui potens est; * et sanctum nomen ejus.

Car le Tout-Puissant a fait en moi de grandes choses; et son nom est saint.

Et misericordia ejus a progenie in progenies * timentibus eum.

Sa miséricorde se répand d'âge en âge sur ceux qui le craignent.

Fecit potentiam in brachio suo : * dispersit superbos mente cordis sui.

Il a déployé la force de son bras, et confondu les pensées des superbes.

Deposuit potentes de sede, * et exaltavit humiles.

Il a renversé de leurs trônes les puissants, et il a élevé les humbles.

Esurientes implevit bonis, * et divites dimisit inanes.

Il a comblé de biens ceux qui étaient affamés, et renvoyé, les mains vides, ceux qui étaient dans l'abondance.

Il a pris sous sa garde Israël son serviteur, se souvenant de sa miséricorde,

Comme il l'avait promis à nos pères, à Abraham et à sa postérité dans tous les siècles.

Suscepit Israel puerum suum, * recordatus misericordiæ suæ,

Sicut locutus est ad patres nostros, * Abraham, et semini ejus in sæcula.

On dit ici l'Antienne propre et la Collecte de la Messe, on fait ensuite les Mémoires, s'il y en a, et on ajoute : Dominus vobiscum, Benedicamus Domino, *et* Fidelium animæ, *si l'Office se termine ici.*

A COMPLIES.

Le Lecteur.

Mon Père, donnez-moi votre bénédiction.

Jube, Domne, benedicere.

BÉNÉDICTION.

Que le Seigneur tout-puissant nous accorde une nuit tranquille et une heureuse fin.

℟ Ainsi soit il.

Noctem quietam et finem perfectum concedat nobis Dominus omnipotens.

℟. Amen.

Leçon brève. Mes frères, soyez sobres et veillez, car le démon votre ennemi tourne autour de vous comme un lion rugissant, cherchant qui il pourra dévorer : résistez-lui donc en demeurant fermes dans la foi. Vous, Seigneur, ayez pitié de nous.

ℝ. Deo gratias.

ℝ. Rendons grâces à Dieu.

℣. Adjutorium nostrum in nomine Domini, ℝ. Qui fecit cœlum et terram.

℣. Notre secours est dans le nom du Seigneur, ℝ. Qui a fait le ciel et la terre.

PATER NOSTER ; — CONFITEOR alternativement, comme à l'Ordinaire de la Messe, avec MISEREATUR et INDULGENTIAM.

Converte nos, Deus salutaris noster. ℝ. Et averte iram tuam a nobis.

Convertissez-nous à vous, ô Dieu, notre Sauveur. ℝ. Et détournez de nous votre colère.

℣. Deus, in adjutorium meum intende, etc.

℣. O Dieu, venez à mon aide. ℝ. Hâtez-vous, Seigneur, etc.

Cum invocarem, exaudivit me Deus

Le Dieu protecteur de ma justice m'a exaucé

lorsque je l'invoquais : ô mon Dieu, vous m'avez mis au large au milieu de la tribulation.

Ayez pitié de moi, et exaucez ma prière.

Enfants des hommes, jusques à quand vos cœurs seront-ils appesantis? pourquoi aimez-vous la vanité, et poursuivez-vous le mensonge?

Sachez que le Seigneur a glorifié son serviteur : le Seigneur m'exaucera quand je crierai vers lui.

Entrez en colère, mais ne péchez pas : repassez avec componction, dans le repos de votre lit, les pensées de vos cœurs.

Offrez des sacrifices de justice, et espérez au Seigneur : plusieurs disent :

justitiæ meæ; * in tribulatione dilatasti mihi.

Miserere mei, et exaudi orationem meam.

Filii hominum, usquequo gravi corde? * ut quid diligitis vanitatem, et quæritis mendacium ?

Et scitote quoniam mirificavit Dominus sanctum suum : * Dominus exaudiet me cum clamavero ad eum.

Irascimini et nolite peccare : quæ dicitis in cordibus vestris, in cubilibus vestris compungimini.

Sacrificate sacrificium justitiæ, et sperate in Domino, * multi dicunt : Quis ostendit nobis bona ?

Signatum est super nos lumen vultus tui, Domine : * dedisti lætitiam in corde meo.

A fructu frumenti, vini, et olei sui, * multiplicati sunt.

In pace in idipsum * dormiam, et requiescam ;

Quoniam tu, Domine, singulariter in spe * constituisti me.

Qui nous fera goûter le bonheur ?

Seigneur, la lumière de votre visage est empreinte sur nous ; vous avez fait naître la joie dans mon cœur.

Mes ennemis ont en abondance le blé, l'huile et le vin.

Pour moi, je m'endormirai, et je me reposerai en lui dans la paix,

Parce que c'est vous, Seigneur, qui m'avez établi dans l'espérance.

In te, Domine, speravi ; non confundar in æternum ; * in justitia tua libera me.

Inclina ad me aurem tuam : * accelera ut eruas me.

J'ai espéré en vous, Seigneur, je ne serai jamais confondu ; délivrez-moi dans votre justice.

Prêtez l'oreille à ma voix : hâtez-vous de me délivrer.

Soyez pour moi un Dieu protecteur ; soyez mon asile où je puisse trouver mon salut.

Car vous êtes ma force et mon refuge ; et, pour la gloire de votre nom, vous serez mon guide et mon pasteur.

Vous me dégagerez des filets que les méchants ont cachés sous mes pas, car vous êtes mon protecteur.

Je remets mon âme entre vos mains : vous me délivrerez, Seigneur, Dieu de vérité.

Esto mihi in Deum protectorem, et in domum refugii, * ut salvum me facias.

Quoniam fortitudo mea et refugium meum es tu ; * et propter nomen tuum deduces me, et enutries me.

Éduces me de laqueo hoc quem absconderunt mihi ; * quoniam tu es protector meus.

In manus tuas commendo spiritum meum : * redemisti me, Domine, Deus veritatis.

Celui qui habite dans l'asile du Très-Haut demeurera sous la protection du Dieu du ciel.

Qui habitat in adjutorio Altissimi, * in protectione Dei cœli commorabitur.

Dicet Domino . Susceptor meus es tu, et refugium meum : * Deus meus, sperabo in eum,

Il dira au Seigneur : Vous êtes mon refuge et mon défenseur . mon Dieu, j'espèrerai en vous.

Quoniam ipse liberavit me de laqueo venantium, * et a verbo aspero.

Le Seigneur m'a délivré du filet des chasseurs, et de la langue des méchants.

Scapulis suis obumbrabit tibi, * et sub pennis ejus sperabis.

Il vous couvrira de son ombre, et vous trouverez l'espérance sous ses ailes.

Scuto circumdabit te veritas ejus; non timebis a timore nocturno,

Sa vérité vous environnera comme un bouclier; vous ne craindrez ni les terreurs de la nuit,

A sagitta volante in die, a negotio perambulante in tenebris, * ab incursu et dæmonio meridiano.

Ni la flèche qui vole pendant le jour, ni les complots tramés dans les ténèbres, ni les attaques de l'esprit infernal.

Cadent a latere tuo mille, et decem millia a dextris tuis, * ad te autem non appropinquabit.

Mille tomberont à votre gauche, et dix mille à votre droite, mais les traits de l'ennemi ne viendront point jusqu'à vous.

Alors vous verrez de vos yeux, et vous contemplerez le châtiment des pécheurs.

Parce que vous avez dit . Seigneur, vous êtes mon espérance, et que vous avez pris le Très-Haut pour votre refuge,

Le mal n'approchera point de vous, et aucun fléau n'atteindra votre demeure.

Car il a commandé à ses Anges de veiller sur vous, et de vous garder dans toutes vos voies.

Ils vous porteront entre leurs mains, de peur que vous ne heurtiez votre pied contre la pierre.

Vous marcherez sur l'aspic et sur le basilic, vous foulerez aux pieds le lion et le dragon.

Verumtamen oculis tuis considerabis, * et retributionem peccatorum videbis.

Quoniam tu es, Domine, spes mea; * Altissimum posuisti refugium tuum;

Non accedet ad te malum, * et flagellum non appropinquabit tabernaculo tuo.

Quoniam Angelis suis mandavit de te, * ut custodiant te in omnibus viis tuis.

In manibus portabunt te, * ne forte offendas ad lapidem pedem tuum.

Super aspidem et basiliscum ambulabis, * et conculcabis leonem et draconem.

Quoniam in me speravit, liberabo eum : * protegam eum, quoniam cognovit nomen meum.

Je le délivrerai, dit le Seigneur, puisqu'il a mis en moi sa confiance : je le protégerai, parce qu'il a connu mon nom.

Clamabit ad me, et ego exaudiam eum : * cum ipso sum in tribulatione ; eripiam eum, et glorificabo eum.

Il m'invoquera, et je l'exaucerai ; je serai avec lui dans la tribulation ; je l'en délivrerai, et je le glorifierai.

Longitudine dierum replebo eum, * et ostendam illi salutare meum.

Je lui accorderai une longue suite de jours, et je lui montrerai mon salut.

———

Ecce nunc benedicite Dominum, * omnes servi Domini.

Bénissez aujourd'hui le Seigneur, vous tous qui êtes ses serviteurs.

Qui statis in domo Domini, * in atriis domus Dei nostri ;

Vous qui habitez dans la maison du Seigneur, dans les parvis du temple de notre Dieu,

In noctibus ex-

Levez, pendant la nuit,

vos mains dans le sanctuaire, et bénissez le Seigneur.

Que le Seigneur vous bénisse du haut de Sion, lui qui a fait le ciel et la terre.

Ant. Ayez pitié de moi, Seigneur, et exaucez ma prière.

tollite manus vestras in sancta, * et benedicite Dominum.

Benedicat te Dominus ex Sion, * qui fecit cœlum et terram.

Ant. Miserere mihi, Domine, et exaudi orationem meam.

Au Temps de Pâques.

Ant. Alleluia, alleluia, alleluia.

HYMNE..

Avant la fin de ce jour, nous vous prions, ô Créateur de toutes choses, de veiller sur nous et de nous garder dans votre miséricorde.

Loin de nous les songes fâcheux, loin de nous les fantômes de la nuit : en-

Te lucis ante terminum,
Rerum Creator, poscimus
Ut pro tua clementia,
Sis præsul et custodia.

Procul recedant somnia,
Et noctium phan-

tasmata;
Hostemque nostrum comprime,
Ne polluantur corpora.

Præsta, Pater piissime,
Patrique compar Unice,
Cum Spiritu Paraclito
Regnans per omne sæculum.
Amen.

chaînez notre ennemi, afin que rien ne souille la pureté de nos corps.

Accordez-nous cette grâce, ô Père miséricordieux, et vous, Fils unique égal au Père, qui, avec l'Esprit consolateur, régnez dans les siècles des siècles.
Ainsi soit-il.

Capitule. Vous êtes avec nous, Seigneur, et votre saint nom a été invoqué sur nous : ne nous abandonnez point, ô Seigneur notre Dieu.

R. Deo gratias.

R. *br.* In manus tuas, Domine, * Commendo spiritum meum. In manus tuas. v. Redemisti nos, Do-

R. Rendons grâces à Dieu.

R. *br.* Seigneur, je remets mon esprit entre vos mains. Seigneur, je remets. v. Vous nous avez rachetés, Seigneur, Dieu de vérité. Je remets.

Gloire au Père. Seigneur, je remets.

mine, Deus veri-tatis. Commendo... Gloria Patri. In manus tuas.

Pendant le Temps de la Passion on omet le GLORIA PATRI, et pendant le Temps pascal on ajoute deux ALLELUIA à ce R. br., et un ALLELUIA au V. qui suit.

v. Gardez-nous, Seigneur, comme la prunelle de l'œil. R. Couvrez-nous sous l'ombre de vos ailes.

v. Custodi nos, Domine, ut pupillam oculi. R. Sub umbra alarum tuarum protege nos.

CANTIQUE DE SIMÉON.

C'est maintenant, Seigneur, que vous laisserez aller en paix votre serviteur, selon votre parole ;

Nunc dimittis servum tuum, Domine, * secundum verbum tuum, in pace ;

Puisque mes yeux ont vu le Sauveur que vous nous donnez,

Quia viderunt oculi mei * salutare tuum,

Et que vous avez destiné pour être manifesté à tous les peuples,

Quod parasti * ante faciem omnium populorum,

Comme la lumière qui éclairera les nations, et

Lumen ad revelationem gentium,

et gloriam plebis tuæ Israel.

Ant. Salva nos, Domine, vigilantes; custodi nos dormientes, ut vigilemus cum Christo, et requiescamus in pace. (Alleluia).

v. Dominus vobiscum, r. Et cum spiritu tuo.

la gloire d'Israël votre peuple.

Ant. Sauvez-nous, Seigneur, lorsque nous sommes éveillés, et gardez-nous pendant notre sommeil, afin que nous veillions avec Jésus-Christ, et que nous reposions en paix. (Alleluia.)

v. Le Seigneur soit avec vous, r. Et avec votre esprit.

Oraison. Nous vous supplions, Seigneur, de visiter cette demeure, et d'en éloigner tous les pièges de l'ennemi : que vos saints Anges y habitent pour nous conserver en paix, et que votre bénédiction soit toujours sur nous. Par notre-Seigneur Jésus-Christ.

v. Dominus vobiscum. r. Et cum spiritu tuo.

v. Benedicamus Domino. r. Deo gratias.

Benedicat et custodiat nos omnipotens et miseri-

v. Le Seigneur soit avec vous. r Et avec votre esprit.

v Bénissons le Seigneur. r. Rendons grâces à Dieu.

Que le Seigneur tout-puissant et miséricordieux, Père, Fils et Saint-

Esprit nous bénisse et nous protége.
R. Ainsi soit-il.

cors Dominus, Pater, et Filius, et Spiritus Sanctus.
R. Amen.

On dit ici une des Antiennes suivantes, puis on ajoute :

v. Que la grâce divine soit toujours avec nous.
R. Ainsi soit-il.

v. Divinum auxilium maneat semper nobiscum.
R. Amen.

Pater. — Ave. — Credo.

FIN.

TABLE.

—

FIN DE LA TABLE.

LIMOGES et ISLE,

Typog. Eugène Ardant et Ch. Thibaut.